AF639321

Weitere Bücher von und über Arno Gruen bei Klett-Cotta

Der Fremde in uns
ISBN: 978-3-608-98681-5

Der Kampf um die Demokratie. Der Extremismus, die Gewalt und der Terror
ISBN: 978-3-608-94224-8

Verratene Liebe – falsche Götter
ISBN: 978-3-608-94904-9

»Ich will eine Welt ohne Kriege«
ISBN: 978-3-608-94250-7

Dem Leben entfremdet. Warum wir wieder lernen müssen zu empfinden
ISBN: 978-3-608-98646-4

Wider den Gehorsam
ISBN: 978-3-608-94891-2

Wider den Terrorismus
ISBN 978-3-608-94900-1

ARNO GRUEN

Wider die kalte Vernunft

KLETT-COTTA

Diese Publikation basiert auf dem Beitrag: »The Role of Empathy and Mother-Child Attachment in Human History and the Development of Consiousness. The Neanderthal's Gestation«, in: Jahrbuch für Psychodynamische Forschung, Nr. 6, 2005. Dieser ins Deutsche übersetzte Beitrag wurde von Arno Gruen völlig überarbeitet und erheblich erweitert.

FSC
www.fsc.org
MIX
Papier | Fördert gute Waldnutzung
FSC® C083411

Klett-Cotta
www.klett-cotta.de
© 2016 by J. G. Cotta'sche Buchhandlung
Nachfolger GmbH, gegr. 1659, Stuttgart
Alle Rechte vorbehalten
Printed in Germany
Umschlag: Rothfos & Gabler, Hamburg
Gesetzt von Eberl & Koesel Studio, Altusried-Krugzell
Gedruckt und gebunden von CPI – Clausen & Bosse, Leck
ISBN 978-3-608-94903-2

Fünfte Auflage, 2022

Bibliografische Information der Deutschen Nationalbibliothek:
Die Deutsche Nationalbibliothek verzeichnet diese Publikation in der Deutschen Nationalbibliografie; detaillierte bibliografische Daten sind im Internet über http://dnb.d-nb.de abrufbar.

In Wahrheit ist die dunkle Kammer,
in der die reine Vernunft thronen soll,
vollkommen leer.

Theodor Lessing,
am 31. August 1933 in Marienbad
von den Nazis ermordet.

John Lennon: »Working Class Hero«

Du bist kaum auf der Welt, da sorgen sie schon dafür,
dass du dich klein fühlst
Indem sie dir überhaupt keine Zeit schenken statt
alle Zeit der Welt
Bis der Schmerz so groß ist, dass du gar nichts mehr fühlst
Ein Held der Arbeiterklasse, das wär doch was
Ein Held der Arbeiterklasse, das wär doch was

Zu Hause tun sie dir weh, und in der Schule
schlagen sie dich
Sie hassen dich, wenn du clever bist,
und einen Dummen verachten sie
Bis du so … verrückt bist, dass du ihren Regeln
nicht mehr folgen kannst

Ein Held der Arbeiterklasse, das wär doch was
Ein Held der Arbeiterklasse, das wär doch was

Wenn sie dich dann über zwanzig Jahre lang gefoltert und eingeschüchtert haben
Erwarten sie von dir, dass du dich für eine Karriere entscheidest
Wo du doch mittlerweile so voller Angst bist, dass du gar nicht mehr richtig funktionierst
Ein Held der Arbeiterklasse, das wär doch was
Ein Held der Arbeiterklasse, das wär doch was

Sie stellen dich ruhig mit Religion und Sex und Fernsehen
Und du meinst, du bist so clever und klassenlos und frei
Aber so wie ich das sehe, murkst du immer noch Bauern ab
Ein Held der Arbeiterklasse, das wär doch was
Ein Held der Arbeiterklasse, das wär doch was

An der Spitze ist noch Platz, jedenfalls behaupten sie das immer noch
Aber erstmal musst du lernen, wie du lächelst, während du tötest
Wenn du so sein willst wie die Leute da oben
Ein Held der Arbeiterklasse, das wär doch was
Ein Held der Arbeiterklasse, das wär doch was

Wenn du ein Held sein willst, folge einfach mir
Wenn du ein Held sein willst, folge einfach mir

INHALT

WORÜBER ES IN DIESEM BUCH GEHT …

Die zentrale Bedeutung der Mutter-Kind-Bindung, der Empathie und der Kooperation

Die Geschichte der Menschheit ist nur zu verstehen, wenn wir die Entwicklung der Mutter-Kind-Bindung berücksichtigen. Empathie und Kooperation bilden den Kern dieser Entwicklungsgeschichte. Für die Leserinnen und Leser, die meiner Arbeit zugetan sind, ist die Kenntnis wichtig, dass das eigene, verdrängte Empathische wieder bewusst gemacht, und da, wo Kinder involviert sind, die Beziehung zu ihnen vertieft werden kann. Leider wurden diese Grundsätze des menschlichen Verhaltens sowie ihre Entstehung, Entdeckung und Bestimmung bis heute versäumt.

Wie, fragt Peter Gstettner in seinem Buch »Die Eroberung des Kindes durch die Wissenschaft: Aus der Geschichte der Disziplinierung«, konnte die Humanwissenschaft dieses, ihr eigentliches Thema, verfehlen? Weshalb hängen Wissenschaftler, wie in der Anthropologie, immer noch fest an Modellen menschlicher Entwicklung, die davon ausgehen, dass »Wilde« primitiv und »Primitive« naiv sind, »Naivität« kindlich ist und dass frühe Entwicklungsphasen die Grundlage der darauffolgenden, also höheren Entwicklung sind.

Eine Kultur zeichnet sich durch Menschlichkeit aus.

Historiker wie Jürgen Osterhammel (2009) dagegen erkennen, dass die Entwicklung einer Gesellschaft nicht abhängig ist von solch einem Denken, »sondern davon, wie sie ihre schwächeren Mitglieder behandelt, ihre Kinder, ältere Menschen, die Behinderten und die chronisch Kranken«. Wie wir eine Kultur bewerten sollten, darf nicht von ihrer technischen und organisatorischen Qualität abhängen, sondern davon, ob und wie sie Menschen menschlich macht. Kultur sorgt dafür, dass die Menschen geistig gesund bleiben und nicht gesellschaftlich entfremdet werden. Aus dieser Sicht mündet die menschliche Entwicklung nicht in der Frage, ob das Früher-Existierende zu einer späteren höheren Entwicklung führt, sondern führt zur Erkenntnis, dass Entwicklung auch ein Verlust des Menschlichen bedeuten kann. Selbst Samuel Johnson, der Rosseau und seine Betonung des Primitiven kritisiert, schrieb:

»Als der Mensch anfing, nach Privateigentum zu streben, traten Gewalt, Betrug, Diebstahl und Raub auf den Plan. Bald danach brachen Stolz und Neid in der Welt aus und brachten einen neuen Maßstab des Reichtums mit sich, denn die Menschen, die sich bis dahin für

reich gehalten hatten, wenn ihnen nichts fehlte, schätzten nun ihr Verlangen nicht nach den natürlichen Bedürfnissen, sondern nach dem Überfluss der anderen ein, und fingen an, sich für arm zu halten, wenn sie gewahr wurden, dass ihre Nachbarn mehr Besitztümer hatten als sie selbst (...).«[1]

Um zu verstehen, was der Mensch im Laufe seiner Geschichte erreicht oder versäumt hat, müssen Empathie und Kooperation als bedeutsame Faktoren berücksichtigt werden. So muss die Entwicklung des Gehorsams als Merkmal der sozialen Entwicklung erkannt werden, weil der Gehorsam sich wohl erst zu einem späten Zeitpunkt der menschlichen Evolution herausgebildet haben muss, als Herrschaft, Aggression und Besitz das gesellschaftliche Leben änderten. Es muss, wie ich es deute, eine Verlagerung der Bewusstseinsvorgänge von der rechten auf die linke Gehirnhälfte stattgefunden haben, wodurch empathische Vorgänge zurückgedrängt wurden. Diese Veränderung hängt auch mit der Entwicklung unserer Sprachen als bestimmender Faktor unseres Erlebens zusammen. Untersucht wurde auch, welche Rolle die verlängerte Schwangerschaft der Neandertaler in ihrer Bewusstseinsentwicklung spielte. Die Berücksichtigung der Interaktion zwischen Mutter und Kind beim Men-

Verlagerung der Bewusstseinsvorgänge von der rechten auf die linke Gehirnhälfte und die Zurückdrängung der Empathie.

schen legt eine Veränderung unseres Bewusstseins nahe, da die Entwicklung von Wettbewerb und Konkurrenzkampf sowie das Bedürfnis nach Macht die Mutter-Kind-Beziehung änderten.

... UND WARUM DIE EMPATHIE EINE SO ENTSCHEIDENDE ROLLE SPIELT

Die erstaunlichen Fossilienfunde der vergangenen Jahrzehnte haben uns zu einer Fülle von Wissen über unsere Vorfahren verholfen.[1] Paläontologen konzentrierten sich dabei vor allem auf Erkenntnisse über das »Aussehen und Verhalten des frühen Menschen«[2]. Bedenken an dieser Fokussierung äußerte Derek Bickerton, indem er darauf hinwies, dass sich die Forscher mehr für das Äußere der Schädel als für das, was in ihnen vorgegangen ist, interessierten.[3]

Die menschliche Evolution basiert nicht nur auf archäologischen Funden.

Bickertons Einwand hat Widerspruch hervorgerufen. Er macht jedoch auf ein wichtiges Problem aufmerksam: Dass nämlich unsere Vorstellungen über das, was in den Köpfen unserer Vorfahren vorging, auf Mutmaßungen von Archäologen und Paläontologen beruhen, und dass diese Hypothesen nicht mit der Realität der frühen Menschen übereinstimmen müssen. So nehmen zahlreiche Paläontologen unter anderem an, der Schlüssel zum Verständnis des urmenschlichen

Verhaltens liege in einer genetisch vorbestimmten Intelligenz, die vom Überlebenskampf geprägt sei. Demnach habe sich das menschliche Verhalten im Zusammenhang mit einer verbesserten Informationsverarbeitung und einer neuartigen Reaktionsfähigkeit entwickelt, die sich durch Wettkampf herausbildeten und zu einer natürlichen Auslese im Sinne des »Überlebens des Stärkeren« führten.

So sieht Gibbons[4], der sich auf O. Bar-Yosef[5] bezieht, die menschliche Evolution als eine Abfolge von Menschenarten, wobei die eine die andere auslöschte. Das zentrale Verhaltensmuster der Evolution wäre demnach der Wettkampf um Ressourcen[6], was hieße, dass Rivalität und Wettkampf evolutionäre Veränderungen verursachten. Gegen einen von Rivalität und Kampf geprägten plötzlichen Umbruch spricht jedoch die lange Dauer der Evolution. Es scheint also eher eine allmähliche Entwicklung stattgefunden zu haben. Dafür spricht auch Diamonds[7] Erkenntnis, dass Naturvölker für gewöhnlich ein ausgeglichenes, nicht von Wechseln charakterisiertes Leben führen.

Kampf, Rivalität und Wettbewerb sind neuartige Entwicklungen zwischenmenschlicher Umgangsformen.

Womöglich war das menschliche Verhalten über Tausende von Jahren hinweg recht ausgeglichen, was hieße, dass Kampf und Rivalität oder Wettbewerb als Kennzeichen zwischenmenschlicher Umgangsformen eine relativ neuartige Entwicklung darstellen, die vor etwa zehntausend Jahren begann und in der Herausbildung einer archaischen Form staatlicher Organisation und Zivilisation resultierte.[8]

Renggli[9] betont, dass der Mensch vor 12 000 Jahren durch die Entwicklung der Agrikultur sesshaft wurde. Dadurch trennten sich Mütter von ihren Babys, eine Verhaltensweise, die alle Hochkulturen charakterisiert und sie von dem ununterbrochenen Körperkontakt zwischen Mutter und Kleinkind anderer Kulturen unterscheidet.

Die Auffassung, dass Veränderung und Fortschritt für die Evolution des Verhaltens entscheidend gewesen seien, und dass die Evolutionsgeschichte darin bestanden habe, dass eine Hominiden-Art die andere verdrängte, spiegelt wohl eher die Werte und Interessen der Beobachtenden wider, die wiederum in der Struktur der historisch verhältnismäßig jungen Sozialordnung, in der wir leben, begründet ist.[10] Diese Auffassung drückt die gängige Überzeugung aus, Wettbewerb sei ein Naturgesetz.

Aussagen über die Vergangenheit des Menschen beruhen auf Interpretationen, Vermutungen und Spekulationen. Sie dürfen sich nicht – und das gilt für jede historische Disziplin – auf die oberflächliche Beschreibung sozialer Interaktionen beschränken, sondern müssen sich damit auseinandersetzen, was diese für das Leben der Menschen und im Sinne der Evolution *bedeuteten*. Isabel Azevedo schreibt in ihrem Brief an die Zeitschrift *Science*[11], ein Mensch zu sein, bedeute weit mehr, als sprechen zu können. Sie plädiert für einen Paradigmenwechsel[12] unserer Wahrnehmung und fordert eine Neuorientierung der wissenschaftlichen Erforschung der Menschheit. Solch eine Neuorientierung würde nicht nur auf die von Azevedo zitierten neuen Untersuchungsergebnisse zurückgreifen, die hauptsächlich aus dem jungen Bereich der Neuropsychologie stammen, sondern auch frühere anthropologische Studien berücksichtigen.

Mensch zu sein bedeutet mehr, als sprechen zu können.

Laut Irven Devore und Melvin J. Konner[13] hat die ganze Menschheit mehr als 99 Prozent der drei Millionen Jahre, die sie diesen Planeten bewohnt, als Jäger und Sammler gelebt. 50 000 Jahre bevor die menschliche Spezies begann, Pflanzen anzubauen, Tiere zu züchten und die Umgebung auf jede erdenkliche Art und Weise zu verändern, entstand die moderne Form des Homo sapiens. Dieser bildete die Verhaltensmuster der Aggression, der Zuneigung und der Stressbewältigung sowie Strukturen des Familien- und Gruppenlebens aus. Aus den jetzigen harten Existenzbedingungen der Jäger und Sammler schlossen Forscher, dass deren früheres Leben ein dauernder Überlebenskampf war. Solche Rückschlüsse offenbaren eher, wie Devore und Konner zeigen konn-

Das Leben der Neandertaler: dauernder Überlebenskampf oder empathische Interaktion?

ten, die einseitige Ausrichtung der Forscher, erklären aber nicht die Realität. Die menschliche Evolution lässt sich also nicht einfach auf der Basis archäologischer Funde verstehen. Was den evolutionären Prozess auch geprägt und die Entwicklung des menschlichen Bewusstseins beeinflusst hat und immer noch beeinflusst, ist die lebendige Interaktion zwischen Mutter und Kind.

DIE ROLLE DES BESITZES

Wir scheinen nicht in Erwägung zu ziehen, dass der Gedanke des Besitzes als Ausdruck von Überfluss oder Armut unsere eigene Sozialordnung widerspiegelt – und nicht das tatsächliche Erleben von Menschen.[1] Schon im 18. Jahrhundert hatte Samuel Johnson darauf hingewiesen, dass sich in solchen Missverständnissen der kulturelle Hintergrund der Forscher ausdrückt. Und Johnson erkannte, schon der Begriff des Besitzes bewirke einen Bewusstseinswandel. Ganz ähnlich meinte Joseph Wood Krutch[2], wir müssten lernen, mit weniger auszukommen. Dies erklärt vielleicht, warum viele Forscher wie selbstverständlich davon ausgehen, das Leben unserer Vorfahren sei von einem ständigen Überlebenskampf geprägt worden.

Besitz bedeutet Bewusstseinswandel.

Die Kindheitsstudie von Devore und Konner über die !Kung im Westen der Kalahari-Wüste erbrachte, dass dieser Stamm alles andere als unterernährt ist: Selbst in Dürrejahren lag ihr Ernährungsstandard weit über dem Minimum, und das, obwohl ein Erwachsener nur zwei bis drei Tage in der Woche arbeitet; Ältere,

Kinder und Jugendliche beteiligen sich kaum an der Nahrungssuche.

»Wenn wir aus dem Leben heutiger Jäger und Sammler die Vorgeschichte der Menschheit rekonstruieren wollen, stehen wir vor einem schwierigen Problem: Sie leben in Reservaten … Die günstigeren Lebensbedingungen wurden längst von Völkern übernommen, deren Sozialsystem umfassender, geschlossener und aggressiver ist. In Dschungeln, Wüsten und Tundren ist das Überleben häufig sehr schwierig, was die Forscher zu der Annahme führt, dass das Leben heutiger Jäger und Sammler (und folglich auch das unserer Vorfahren) ein ständiger Überlebenskampf ist … Dieser Rückschluss führt zu weiteren Missverständnissen … In der Anthropologie ist man übereingekommen, dass Jäger und Sammler in eng geknüpften und männlich dominierten Horden lebten … Die Horde stellte man sich als stark territorial ausgerichtet vor, und als sehr protektionistisch in Bezug auf ihre Jagdgebiete, Wasserquellen und so weiter … Das Jäger-und-Sammler-Dasein sei von Männern dominiert, die als angebliche Haupternährer andere Jäger verdrängten … Selbst versierte Forscher waren davon überzeugt, dass Jäger und Sammler ein hartes Dasein fristen, ihr Nomadenleben und ihr Mangel an materiellen Gütern schien Beweis genug, dass sie (und implizit auch unsere Vorfahren) in bitterer Armut lebten. Solche Vorstellungen könnten von den Bedingungen, unter de-

nen die !Kung-Stämme tatsächlich leben, unterschiedlicher nicht sein. Bei ihnen gibt es gar keine organisierten ›Horden‹, sondern eher so etwas wie eine lockere Ansammlung von lagernden Familien, deren Zusammenstellung beinahe täglich wechselt; Kern- und Großfamilien bewegen sich frei über ein Gebiet von etwa 160 Quadratkilometern oder mehr und lagern zusammen mit nahen und entfernten Verwandten aus der ganzen Region.

Die Verwandtschaft wird durch die Familien des Ehemannes wie auch der Ehefrau bestimmt. Wie die anderen Aspekte der Gruppenstruktur auch, ist der Wohnsitz flexibel und häufigen Wechseln unterworfen. Diese sich frei bewegende Population kommt gar nicht auf die Idee, ihr Territorium zu verteidigen, denn sie hat noch nicht einmal einen Begriff dafür. Es gibt zwar so genannte »Besitzer« von bestimmten Wasserlöchern, aber ihr Anspruch darauf ist häufig kurzfristig, wird nicht ernst genommen und erst recht nicht durchgesetzt … Man sollte sich ins Gedächtnis rufen, dass die meisten Jäger und Sammler während der gesamten Vorgeschichte in Regionen lebten, die weitaus besser mit Wasser, essbaren Pflanzen und Wildtieren ausgestattet waren als die Ausläufer der Kalahari.«[3]

Wie gesagt ist hier von Menschen die Rede, deren Ernährungszustand über dem Existenzminimum liegt. Im Gegensatz zu herrschenden Meinungen zeigen Devore und Konner, dass die Anthropologen, die das Leben der Jäger und Sammler erforschten, nicht auf die Idee kamen, quantitative Daten über das Arbeitsniveau und die Kalorienaufnahme zu sammeln. Die Rolle der Frauen bei der Beschaffung von Nahrung wurde völlig unterschätzt:

Die Rolle der Frau als Sammlerin wurde von Anthropologen lange Zeit unterschätzt.

»Wir haben herausgefunden, dass Frauen 50 bis 80 Prozent der nach Gewicht gemessenen Menge der Nahrungsmittel erwirtschaften … Und was noch wichtiger ist: Vegetarische Nahrung kann regelmäßig und mit hundertprozentiger Sicherheit gesammelt werden, der Jagderfolg jedoch ist nicht voraussagbar … Wir haben deshalb keinen Grund anzunehmen, dass Frauen in der Vergangenheit jemals weniger als Männer zur Gesamtwirtschaft beigetragen haben … Die Ironie dabei ist, dass Frauen zum Sammeln von vegetarischen Hauptnahrungsmitteln nichts weiter als einen Lederbeutel und einen Stock zum Graben benötigen, dass aber keines dieser Werkzeuge bei einer Ausgrabung erhalten bleiben würde. Die komplizierte Jagdausrüstung der Männer hingegen ist immer präsent in Form von Pfeil- und Speerspitzen, Messern etc. Daraus folgt zwangsläufig, dass bei der Interpretation prähistorischer Wohnstätten sowohl die vegetarische Nahrung als auch der ökonomische Beitrag der Frauen tendenziell unterschätzt werden …«[4]

Ein weiterer wichtiger Schlüssel zum Verständnis der Wirtschaft der !Kung ist die Tatsache, dass Nahrungsmittel und materielle Güter gemeinschaftlich genutzt und nicht gehortet werden. Das wiederum widerspricht einer anderen üblichen Auffassung, wonach der Wettkampf die bestimmende Komponente der Verhaltensevolution ist, während der Kooperation jegliche Bedeutung abgesprochen wird.

Kooperation ist wichtiger als Wettkampf.

Dies führt uns wieder zurück zu Azevedos Brief, der sich auf das Erstaunen bezog, das die wissenschaftliche Arbeit von Karl Zilles und seines Kollegen ausgelöst hatte[5], und hier vor allem die Erkenntnis, dass Menschen viel »rechtsseitiger denken« als bisher angenommen. Dabei ist es, wie die Wissenschaftlerin Azevedo richtig bemerkte, »die rechte Gehirnhälfte, die bei der Bindung des Kindes an die Mutter sowie bei späteren Bindungsmustern in Erwachsenenbeziehungen eine Rolle spielt.«[6] Sozial vermitteltes Verhalten hat seinen Ursprung in der Entwicklung der Mutter-Kind-Bindung.

Van Schaik et al. haben kürzlich darauf hingewiesen, dass das Konzept Lebensraum in Großaffenkulturen 14 Millionen Jahre lang bedeutungslos war.[7] Das Gleiche lässt sich auch für das Sozialverhalten von Menschen sagen.[8] Trotzdem übersah und ignorierte man die wichtige Rolle, die das Bindungsverhalten in der menschlichen Geschichte der vergangenen drei bis vier Millionen Jahre spielte.

Das Bindungsverhalten ist von besonderer, aber kaum beachteter Relevanz für die Entwicklung.

Die meisten Untersuchungen konzentrieren sich auf Fossilien und archäologische Funde, aus denen die Autoren Verhaltensweisen ableiten, die ihre eigene Interpretation der sogenannten Theorie »vom Überleben des Stärkeren« widerspiegeln. Mit anderen Worten, »Wettkampf« wird als eigentlich evolutionäre Motivation unhinterfragt vorausgesetzt, während andere Quellen, die das Verhalten erklären könnten, zum Beispiel Vergleichsstudien von Primaten und Beobachtungen früher Mutter-Kind-Bindung und Kooperation, unbeachtet bleiben.

BINDUNG UND KOOPERATION

John Bowlby wies als einer der Ersten darauf hin, wie wichtig das Bindungsverhalten zwischen dem Säugling und seiner versorgenden Bezugsperson für die Entwicklung des späteren Sozialverhaltens ist.[1] Die Arbeiten der London Tavistock Clinic, von Anna Freud gegründet, haben Bowlbys Beitrag erheblich ergänzt. Dazu hat insbesondere Juliet Hopkins in Bezug auf die unbewussten Verhaltensaspekten, die aus dieser Bindung entstehen, beigetragen.[2] Auch wenn direkte Hinweise für das Verhalten prähistorischer Menschen nicht einfach zu ermitteln sind, lassen sich begründete Aussagen aufgrund des Bindungsverhaltens, das wir mit Affen gemeinsam haben, ableiten. Zusätzliche Erkenntnisse über die Bemutterung und Pflege des Nachwuchses liefern Beobachtungen von heutigen Menschen und verwandten Arten wie zum Beispiel Schimpansen.[3]

Die Mutter-Kind-Beziehung hat Einfluss auf das innere Wesen.

Wir werden nicht nur durch soziologische und ökonomische Umweltfaktoren geprägt, der Mensch entwickelt sich, wie Erich Fromm es in seinem Streitgespräch mit Herbert Marcuse formulierte.[4] Und das bedeutet, dass wir durch die früheste Mutter-Kind-Beziehung unser inneres Wesen entwickeln. Sogar Marx schrieb in seinen früheren Werken:

> »All unser Erfinden und unser ganzer Fortschritt scheinen darauf hinauszulaufen, daß sie materielle Kräfte mit geistigem Leben ausstatten und das menschliche Leben zu einer materiellen Kraft verdummen.«[5]

Der menschliche Säugling befindet sich bei seiner Geburt in einem noch sehr unreifen Entwicklungsstadium.[6] Um dem Zustand eines neugeborenen Menschenaffen gleichzukommen, müsste die Schwangerschaft einer Frau 21 Monate andauern.[7] Deshalb sind Pflegeverhalten und Aufmerksamkeit für die Bedürfnisse des Neugeborenen während dieser kritischen Entwicklungsphase so entscheidend. Die Bedürfnisse drehen sich um die Ernährung, die Versorgung mit Flüssigkeit, die Reorganisation muskulärer und nervaler Prozesse, den Schlaf und das Aufwachen mit neuer Energie, für den Abbau von Spannung und das Zurückfinden in einen Zustand der Ausgeglichenheit.

> *»Wenn«*, so Ashley Montagu, *»wir Zuwendung oder Liebe rein biologistisch als Verhaltensweisen betrachten, durch die wir einem anderen Geschöpf das Überleben ermöglichen, dann können wir auch in Zuwendung*

und in Liebe ein neotenes Merkmal erkennen ... Daraus können wir also ableiten, dass keine der frühen menschlichen Gemeinschaften hätte überleben können, wenn nicht Liebe und Kooperation eine so bedeutsame Rolle gespielt und ihre einzelnen Mitglieder zusammengehalten hätten.«[8]

Die Bereitschaft zur Kooperation erwächst aus einer gesunden, empathischen Bindung von Mutter und Kind.

Kooperation ist eine Folge frühen Bindungsverhaltens, wenn – wie Harlow und Harlow gezeigt haben – die mütterliche Pflege nicht gestört wird. Unzureichende Versorgung des Säuglings bringt Lebewesen hervor, die ihrerseits die Bedürfnisse anderer missachten und andere Wesen missbrauchen. Dies verdeutlicht, dass das spätere Bindungsverhalten zwischen Erwachsenen von der Bindung des Kindes an seine Mutter bzw. seine versorgende Bezugsperson bestimmt wird.[9] So hat die Anthropologin Sarah Blaffer-Hrdy gezeigt, dass Kooperation und Empathie die bestimmenden Faktoren in unserer menschlichen Evolution sind.[10] Auch J. Z. Young wies darauf hin, dass die Ausstattung des Menschen im Zuge seiner Evolution auf Kommunikation und Kooperation ausgerichtet ist.[11] Galt bemerkt:

»Es ist eine analytische Feststellung und nicht einfach ein Werturteil, wenn wir sagen, dass, vom Standpunkt einer breiten Sozialordnung und einer Vielzahl interindividueller Beziehungen aus betrachtet, ein koopera-

tives Verhaltensmuster die psychischen Ressourcen des Menschen besser ausnützt (als ein dominant-hierarchisches). Dominanzfaktoren, die die individualistische Motivation betonen, repräsentieren nur eine partielle Realisierung von Gruppenressourcen auf einer niedrigeren Ebene, auf der es zu einem Zusammenstoß verschiedener Interessensgruppen kommt, der den Konflikt innerhalb der Gruppe verschärft und Spannungen erzeugt, die ihrerseits zu sozialer Desorganisation führen.«[12]

Und Schneirla stellte fest:

»In unserer Kritik an der bei Wirbeltieren angewandten ›Dominanztheorie‹ ging es um die reduktionistische Betonung genau jener speziellen Charaktereigenschaften, die nicht die Gruppenzusammengehörigkeit fördern, sondern sie im Gegenteil schwächen und der Gruppe schaden und sie psychisch zersetzen. Vor allem deswegen ist die ›Dominanz‹-Theorie für eine vergleichende Psychologie sozialer Organisationen nicht geeignet.«[13]

Schimpansenstudien[14] zeigen, dass menschenähnliche Primaten unter geeigneten Bedingungen kooperative Beziehungen entwickeln und entschlossen auf ein gemeinsames Ziel hin arbeiten.[15] Starkes Dominanzgebaren, mit dem das Verhalten von Primaten sowie das unserer Vorfahren hauptsächlich erklärt wird, hängt von aggressivem Verhalten ab[16] und entsteht nur unter Bedingungen, in denen positive Faktoren, die zur Gruppenzusammengehörigkeit beitragen, geschwächt werden.[17]

Trennung von der Familie und die Tendenz zu Dominanzbeziehungen

Abruptes Abstillen scheint bei Säugetieren die Trennung von der Familie zu forcieren, was wiederum einen Einfluss auf das spätere Gruppenverhalten und die Entwicklung individueller Aggressivität hat. Dominanzbeziehungen weisen auf eine schwache soziale Empfänglichkeit hin, während die bei Primaten festgestellte psychische Kooperation die Fähigkeit voraussetzt, die sozialen Konsequenzen der eigenen Handlungen zu antizipieren und sie gegebenenfalls im Sinne der Erreichung eines gemeinschaftlichen Ziels zu modifizieren. Dominanz hingegen fördert Isolation und psychische Distanz, was sich kontraproduktiv auf den Gruppenzusammenhalt auswirkt. Wie Charlotte Bühler es ausdrückt: »Ein Kind ist Teil seiner Mutter, bevor es sich zu einem eigenständigen Individuum entwickelt. Und gehört schon lange zu einer bestimmten Gruppe, bevor es sich aktiv einer anderen Gruppe anschließt.«[18]

EMPATHIE

Die Fähigkeit, die sozialen Konsequenzen eigener Handlungen vorherzusehen, hängt weniger von der Fähigkeit zum abstrakten Denken als von empathischer Wahrnehmung ab. »Empathie ist die Fähigkeit, an den Gefühlen, Intentionen, Ideen und manchmal auch an den Bewegungen eines anderen Menschen teilzunehmen, sie mitzuerleben oder nachzuempfinden.«[1] Diese Fähigkeit entwickelt sich zusammen mit dem vegetativen Nervensystem und ist fester Bestandteil der Interaktionen zwischen der Mutter und dem sich entwickelnden Fötus. Die Integration dieser Interaktionen scheint sich beim Menschen in der rechten Gehirnhälfte abzuspielen.[2]

Empathie ist das elementarste und älteste Medium der Wahrnehmung und des Umgangs mit uns selbst und unserer Umgebung.

Der Versuch, unsere Vorfahren zu verstehen, setzt ein Verständnis dafür voraus, dass Empathie das elementarste und älteste Medium der Wahrnehmung und des Umgangs mit uns selbst und unserer Umgebung ist. Wenn wir die Evolution vom Standpunkt der Empathie aus betrachten, bekommt die Geschichte der menschlichen Entwicklung einen ganz anderen Charakter, weil unser Blick nicht mehr auf den Kampf um Vorherrschaft, sondern auf Kooperation ausgerichtet ist. Dieser Fokuswechsel wird möglich, wenn wir anerkennen, dass unsere Vorstellungen vom sogenannten Überleben des Stärkeren die sozialen Werte und Interessen reproduzieren, die dem Wesen unserer heutigen Sozialordnung entsprechen.[3]

Die Fähigkeit zur Fürsorge ist keine Folge von »Zivilisiertheit«. Sie hat auch nichts mit Lernen im Sinne eines intellektuellen Prozesses zu tun. Es geht vielmehr um das, was Paul D. MacLean[4] den »viszeralen« Aspekt des Lernens nennt, der so bezeichnet wird, weil er im frontal-temporalen Bereich des limbischen Systems angesiedelt ist. Dieser wird durch Empathie gesteuert, das heißt durch die Fähigkeit, die eigenen Gefühle und Bedürfnisse in denen der anderen wiederzuerkennen.

Die herausragende Bedeutung von Nachahmung und Empathie

Ich weise noch einmal auf Isabel Azevedo hin, die ja sagte, dass es beim Menschsein um mehr gehe, als um die Fähigkeit zu sprechen. Babys zum Beispiel imitieren die Kopfbewegungen von Erwachsenen nicht einfach, um sie nachzumachen, sondern um willentlich etwas zu erreichen[5], wobei sie schnell lernen, dass sie damit ihre Umgebung bereichern und bewegen können. Allerdings ist diese Fähigkeit nicht nur Menschen zu eigen; auch Tiere sind in der Lage, den emotionalen Zustand eines anderen Tieres auf empathische Weise wahrzunehmen. Es ist erwiesen, dass Rhesusaffen mithilfe dieser Wahrnehmungsfunktion auf die Mimik ihrer Artgenossen reagieren.[6]

Die Verankerung von Empathie im Gehirn

Anhand von hominiden Schädelabdrücken, die von 2,5 Millionen Jahre alten Australopithecinen bis zu den Neandertalern und den jüngeren Urformen des Homo sapiens reichen, lässt sich erkennen, wie sich die Frontallappen im Lauf der Evolution oberhalb der Nase herausgebildet haben. Beim älteren Homo sapiens und dem Neandertaler waren die unteren Enden hinter den Schläfen sogar noch weiter ausgedehnt[7] – sehr zum Erstaunen der Wissenschaftler, die mit einer Erweiterung der linken Gehirnhälfte gerechnet hatten, da hier meist die Sprachfähigkeit angesiedelt ist. Dies zeigt, wie wichtig empathische Prozesse für die Evolution des Menschen sind und dass die menschliche Entwicklung auf der Basis der Einfühlung beruht.[8]

Fürsorgliche Zuwendung als Bestandteil zwischenmenschlicher Beziehungen steht also in engstem Zusammenhang mit den Vorgängen der menschlichen Evolution. Dies hat sich erst innerhalb der letzten 50 000 Jahre geändert, spätestens vor 9000 Jahren mit dem Aufkommen der sogenannten höheren Zivilisationen, die sich auf Besitz, Herrschaft und Macht gründeten.[9] Eine Untersuchung von David E. Stuart wies nach, wie und warum sich aus der Überproduktion von Nahrungsmitteln die friedlichen und gemeinschaftlich ausgerichteten Anasazi-Indianer in Nord- und Südamerika zu einer elitären, kriegerischen und zerstörerischen Gesellschaft entwickelten.[10] Diese Überproduktion wurde von einigen ausgenutzt, um Behälter zu bauen, in denen Nahrungsmittel gesammelt werden konnten. Auf diese Weise entstanden Besitzer und Nicht-Besitzer, also eine Zwei-Klassen-Gesellschaft. Die Produktionsbedingungen der früheren, nicht-kumulativen Gesellschaften, die in den stabilen Strukturen von zyklischen Vorgängen eingebunden waren, zum Beispiel die Natur-Rhythmen der Jahreszeiten, wurden jetzt abhängig von den Gesellschaften, die durch Überschüsse mächtig wurden.

LINKE UND RECHTE GEHIRNHÄLFTE

In dieser Zeit, in der Kooperation und Empathie abgelöst wurden von Besitz und Macht, muss es zu einer Veränderung des menschlichen Bewusstseins gekommen sein. Die Evolution des menschlichen Verhaltens wird nur verständlich, wenn wir erkennen, dass eine Verlagerung der Organisation des Bewusstseins von einer Dominanz der rechten auf eine Dominanz der linken Hemisphäre stattgefunden hat.

Die linke Gehirnhälfte, welche die rechte Körperseite steuert und in der sich meist das Sprachzentrum von Rechtshändern befindet, wird üblicherweise als dominant bezeichnet; die rechte Gehirnhälfte, die wiederum die linke Körperseite reguliert, dagegen als nichtdominant. Da die Sprachentwicklung gemeinhin als entscheidender Faktor der menschlichen Evolution erachtet wird, ging man davon aus, dass »höhere« Funktionen des menschlichen Geistes vor allem linksseitig ablaufen. Heute weiß man, dass es umgekehrt ist.[1] Während die rechte Seite das Ganze im Blick hat und die Bedeutung der Teilaspekte innerhalb eines Kontextes erfasst, nimmt die linke Hälfte einzelne, voneinander isolierte Feinheiten wahr. Da die Formierung des Gehirns in der frühen Entwicklungsphase (der Bindungsphase) geprägt wird, wird vor allem auch die Art, wie die beiden Gehirnhälften interagieren, in dieser Phase bestimmt.[2] Dass die erwähnte Verschiebung zwischen den Gehirnhälften mit einem kulturellen Wandel einhergeht, wird von der Erkenntnis unterstützt, dass die Gehirnfunktionen bei Frauen weniger einseitig und weniger isoliert voneinander sind als bei Männern.[3]

Geschlechterunterschiede lassen sich in den Gehirnstrukturen erkennen.

Die Ergebnisse meiner Studie über Schlaganfälle[4] stimmen mit Erkenntnissen überein, dass Frauen weniger von Vorstellungen der Ehre, der Stärke und des Heldentums beeinflusst werden als Männer; dies zeigen auch die Aufsätze von Gruen[5] und Carol Gilligan[6] über Geschlechterunterschiede. Vorstellungen von Ehre, Stärke und Heldentum sind ideologischer Natur und markante Kennzeichen der Heldenepen und grandioser Idealbilder von Eroberern und Herrschern sogenannter großer Zivilisationen (ein Beispiel dafür sind die Klagen über die Zerstörung von Sumer und Ur aus dem 3. Jahrtausend v. Chr.[7]).

Der Wechsel von sozialen Strukturen, die Kooperation und Empathie förderten, zu solchen Strukturen, die eine Entstehung von Macht, Unterdrückung, Zwang und Kontrolle nahelegten[8], muss innerhalb eines Kontextes stattgefunden haben, der das Anhäufen von Privateigentum und die Entwicklung von Autorität und Gehorsam begünstigten. Die frühen Sumerer zum Beispiel waren im 3. Jahrtausend v. Chr. aktive Kolonisatoren und Imperatoren.[9]

Gleichsetzung von Stärke und Macht bei den frühen Sumerern

Der Übergang zu einer Dominanz der linken Gehirnhälfte mit ihrem Fokus auf Details statt aufs Ganze ging wohl mit der Veränderung des menschlichen Bewusstseins einher und trieb diesen Prozess voran. Stärke wurde nun gleichgesetzt mit Macht und Besitz. Diesen Vorgang belegen die Darstellungen von Herrschern der »großen« Zivilisationen wie China, Indien, Persien, Ägypten, aber auch die der Inkas, Azteken und so weiter. Immer geht es hier um die Glorifizierung der Taten der Könige und Herrscher. Schmerz und Leid werden verleugnet. Die Entstehung von Ideologien, die Gehorsam förderten, indem sie Unterdrückung rechtfertigten, verlief parallel zur Entwicklung dieser Zivilisationen.[10]

Wenn unsere Frühgeschichte also von kooperations- und empathiebasierten Verhaltensmustern bestimmt wurde, dann müssen wir unsere Vergangenheit und die neuere Geschichte noch einmal in einem anderen Licht betrachten. Der Wechsel von Kooperation zum Wettkampf würde der Annahme widersprechen, dass unsere Vorfahren primitive Wesen waren und Sozialisierung eine Errungenschaft großer Zivilisationen ist. Anstatt davon auszugehen, dass die Evolution des Bewusstseins durch eine fortschreitende Entwicklung von der primitiven Aggression zur zivilisierten Konfliktlösung[11] gekennzeichnet ist, müsste man das Gegenteil annehmen – dass die Einführung von »Besitz« zur Auflösung von kooperativen und gemeinschaftlichen Sozialbeziehungen geführt hat. Menschen können, wie alle Tiere, auch aggressiv sein. Diese Aggressivität ist aber nicht gleichzusetzen mit absichtsvoller Zerstörung. Unsere Spezies ist die einzige, die Artgenossen foltert und gezielt ermordet.

Die Verknüpfung von Krieg und Kultur

Aber vermutlich waren Menschen nicht immer destruktiv. Jonathan Haas am Chicagoer Field Museum hat bis vor Kurzem die Ansicht vertreten, Krieg und Kultur seien eng miteinander verknüpft.[12] Die Tatsache, dass im peruanischen Caral, der ältesten Stadtsiedlung auf dem amerikanischen Kontinent, weder Befestigungsanlagen noch Wehrgräben gefunden wurden, führten ihn zu der Erkenntnis, Kriege gehörten möglicherweise gar nicht zur menschlichen Natur. Es ist nicht einfach, die ursprüngliche Natur des Menschen zu ergründen. Dennoch müssen wir uns Gedanken über unsere Abstammung machen, um unsere Gegenwart besser verstehen zu können. Für das Verständnis von alter und neuer Geschichte sind die Ursprünge und die Entwicklung des menschlichen Bewusstseins von essenzieller Bedeutung. Die Abstraktionen, die unsere heutige Mentalität beschreiben –

Ehre, Mut und Heldentum als Stärken sowie Empfindsamkeit und Schmerz als Schwächen – sind Kennzeichen eines Bewusstseins, das nicht immer charakteristisch für Menschen war.

Julian Jaynes hat veranschaulicht, wie unsere Realitätswahrnehmung und Lernfähigkeit geschwächt werden[13], wenn abstrakte Begriffe wie Nationalstolz und ideologische Reinheit das Bewusstsein beherrschen. Dabei wird oft außer Acht gelassen, dass dies nur durch eine Sozialisation möglich ist, die abstrakte Ideen von Ehre, Reinheit und Stärke mittels Gehorsam einimpft. Denn Ideologien männlicher Ehre und Stärke haben weder eine genetische Basis, noch sind sie das Ergebnis einer »natürlichen« Entwicklung. Gezeigt haben dies Gene Weltfish an amerikanischen Pawnees[14] und Peter Brückner in seiner Analyse der pathologischen Effekte von Gehorsam in der Sozialisation der westlichen Gesellschaft[15] sowie ich selbst in einer Analyse der reduzierten Realitätswahrnehmung als politische und psychologische Konsequenz von Gehorsam.[16] Laut Jaynes hat sich diese Art des Bewusstseins schon vor der homerischen Zeit entwickelt. Es ist verbunden mit einem Gehorsam, der den Menschen von seinem Verantwortungsgefühl für seine eigenen Handlungen loslöst. An dieser Stelle scheint es sinnvoll, näher auf den Neandertaler einzugehen.

Reduzierte Realitätswahrnehmung schwächt in unserer Kultur die Lernfähigkeit.

DER NEANDERTALER

Neandertaler hatten vor etwa 130 000 Jahren ihre Blütezeit[1] und lebten bis vor etwa 30 000 Jahren in Europa und Westasien. Bis vor Kurzem betrachtete man sie als unmenschlich und kulturlos. Brian Hayden, Richard Klein, Erik Trinkhaus und der Paläogenetiker Svante Pääbo haben ihnen jedoch ein menschliches Gesicht verliehen.[2] Besonders Trinkhaus nimmt aufgrund von archäologischen Funden an, dass sie sich fürsorglich um ihre Kinder, Kranke und Toten kümmerten.

Und trotzdem bestritten 2003[3] immer noch Anthropologen, dass Neandertaler mitfühlend gewesen wären, mit der Begründung, zahnlose Schimpansen und Gorillas hätten in der Wildnis auch überlebt. Sie wollten einfach nicht wahrhaben, dass Neandertaler ihre Alten und Gebrechlichen pflegten, was unter anderem durch den Fund eines zahnlosen, 179 000 Jahre alten Kieferknochens eines Neandertalers im Süden Frankreichs belegt ist. Wenn wir auf der anderen Seite in Betracht ziehen, dass wir in unserer Entwicklung alle eine Art von Bemutterung erfahren haben, kann man solche essenziellen, zwischenmenschlichen Lebensprozesse unmöglich abstreiten.

Der Neandertaler war ein mitfühlendes und somit menschliches Wesen.

Christoph P. E. Zollikofer, Marcia S. Ponce de León, Bernard Vandermeersch und François Lévêque konnten mit Hilfe von hervorragenden CTs und der computergesteuerten Schädelrekonstruktion eines Neandertalers nachweisen, dass dieser eine Verletzung erlitten hatte, die später heilte. Sie fanden eine Narbe im Schädel, die sie mit Hilfe von paläopathologischen und forensischen Diagnoseverfahren direkt auf die Einwirkung eines spitzen Gegenstandes zurückführen konnten. Dieser Neandertaler konnte wohl nur deshalb überleben, weil er von anderen gepflegt wurde – und dies ist die eigentliche Erkenntnis dieser Untersuchung. Neandertaler waren also nicht nur fähig, schwer verletzte Artgenossen über längere Zeit zu unterstützen, sondern taten es offensichtlich auch.

Der Unterschied zwischen Aggression und Destruktivität

Es ist nicht überraschend, dass Neandertaler und andere Menschen der Jungsteinzeit auch aggressiv sein konnten. Nun ist aber die Äußerung von Aggression nicht dasselbe wie vorsätzliche Destruktivität, genauso wenig wie Aggression und Kampf identisch sind. Wenn wir hier keine Differenzierung vornehmen, reichen wir unbewusst Konrad Lorenz die Hand, der Aggression als einen Kampfinstinkt betrachtete und der Meinung war, Menschen bräuchten Rituale, um ihre instinkthafte Aggression zu kanalisieren.[4] Schon Herbert Spencer sah den Aggressionstrieb als dominanten Faktor bei der natürlichen Auslese. Schneirla hielt dem entgegen:

> *»Im Menschen regt Adrenalin – eine neurosekretorische, exzitatorische Substanz – den Menschen zu Kampf, Liebe, Poesie, Gesang oder Flucht an, je nach individuellem Hintergrund und aktueller Situation. Die Annahmen, die [Lorenz] seiner schriftlich festgehaltenen Theorie zugrunde legte, sind bei niederen Tieren ungeklärt; ihre Übertragung auf den Menschen ist zweifelhaft.«*[5]

Die reaktive Aggression innerhalb einer Gruppe lässt sich mit großer Wahrscheinlichkeit durch Wutanfälle erklären (diese Annahme unterstützen auch Zollikofer et al.). Im Hinblick auf meine eigenen Erfahrungen tendiere ich dazu, die innerhalb einer Gruppe und zwischen Gruppen auftretende Aggression auf Rivalität und Wettkampf sowie auf eine nachtragende Haltung zurückzuführen. Eine andere, genauso plausible Erklärung könnte aber sein, dass Aggression eine sofortige Reaktion auf eine Provokation war und kein Ausdruck von Rache, Strafe oder Groll. Eleanor Burke Leacock beschreibt solche direkten, aber nicht-strafenden Aggressionsausbrüche zwischen den Montagnais-Naskapi in Kanada.[6] Auch bei Tieren ist ein solches Verhalten zu beobachten.

AGGRESSIVITÄT

Ein Tier erlebt das andere als störend oder einengend und schlägt zu. Das andere reagiert vielleicht sofort mit Beißen. Ist die Aggression aber erst einmal ausagiert, ist der Ärger verflogen. Bei heutigen Menschen ist das etwas anderes, da Aggressionen sich in einem kulturellen Kontext abspielen, der eine Entwicklung nahelegt, in der Aggression mit Selbstwert verknüpft wird.

Wie sich Aggression bei den Neandertalern und bei uns unterscheiden.

In unserer Gesellschaft nehmen Eltern zum Beispiel kindliche Aggression als etwas wahr, das ihren Selbstwert als Eltern bedroht. Sie interpretieren das aggressive Verhalten ihres Kindes als Hinweis darauf, dass sie bei der Erziehung des Kindes versagt hätten. Dadurch wird die kindliche Aggression mit der Vorstellung verknüpft, diese Aggression bedeute Schlechtsein. Daher ist in unserer Kultur Aggression oft mit einem Mangel an Selbstwert verbunden. Natürlich kann auch aggressives Verhalten verletzend sein, wie es ja auch beim Neandertaler war. Aber es ist von einer anderen Art, als de Waal[1] bei Primaten und damit implizit auch bei Menschen annimmt. Für de Waal ist Aggression ein Mittel bei Wettkämpfen und Verhandlungen. Dabei lässt er außer Acht, dass diese Form von Aggression einem Sozialisationsprozess entspringt, der von den Folgen eines Strebens nach Besitz und Macht bestimmt wird.

Die Verknüpfung von Aggression, Kultur und Selbstwert

Aggressives Verhalten muss aber nicht unbedingt negativ sein und ist auch entwicklungsgeschichtlich weder für Menschen noch für Tiere Ausdruck absichtlicher Destruktivität oder dauerhafter Rachegefühle. Zunächst ist Aggression eine Reaktion auf einen Schmerz oder eine Grenzverletzung und damit ein unmittelbarer und natürlicher Ausdruck des Durchsetzungsvermögens angesichts einer Bedrohung oder Störung.[2] Dies widerspricht der Sichtweise, Aggression sei ein Bedürfnis nach Zerstörung und habe die Funktion, um der »Ehre« willen Rache zu nehmen oder seinem Ärger Luft zu machen. In den 70er Jahren vermutete Greenacre, Aggression könne auch Ausdruck für konstruktives Verhalten sein.[3] Auch Parens war der Meinung, Aggression sei kein Instinkt, sondern eine Reaktion auf aversive Stimuli; ferner würden aggressive Impulse destruktive wie auch nichtdestruktive Elemente beinhalten.[4]

Demnach hat das von de Waal beschriebene aggressive Verhalten vielleicht gar nichts mit Destruktivität zu tun, sondern ist eine Reaktion auf eine Provokation.

Nach der Reaktion auf diese Provokation ist die aggressive Energie verflogen, ohne dass nachtragende Gefühle oder Ressentiments zurückbleiben. Solch ein Verhalten kann man auch bei Kindern und ebenso bei Hunden beobachten: Aggression wird ausgedrückt – und schon ist sie vorbei.

Im Gegensatz dazu ist ein aggressiver Kampf wohl eher die Folge unseres eigenen Sozialisierungsprozesses. Wenn Eltern auf die Aggression ihres Kindes allerdings so reagieren, als sei diese eine Verletzung ihres Selbstwertgefühls[5], dann werden Prozesse in Gang gesetzt, durch die die natürliche reaktive Aggression zu einem Zeichen feindseliger Gefühle gegen die Eltern wird. Was zunächst Ausdruck einer autonomen Reaktion ist, wird für das Kind zur Gefahr, da die Eltern darauf mit »Liebesentzug« reagieren. Unter diesen Umständen wird die autonome Gefühlsreaktion zu einer Bedrohung der eigenen Existenz und muss unterdrückt werden. Die reaktive aggressive Energie des Kindes bleibt jedoch bestehen und staut sich zu einem Reservoir der Aggressionen an. Dieses wird zu einer Quelle undifferenzierten Ärgers und Grolls. Was ursprünglich ein spontaner Affekt war, der sich, wäre er entsprechend von andern wahrgenommen worden, nur in einer kurzfristigen vorübergehenden Reaktion ausgedrückt hätte, entwickelt sich zur Ursache permanenter Aggression und

Mit der falschen Reaktion auf kindliche Aggression kann erneute Aggression ausgelöst werden.

Gegenaggression. Die !Kung zum Beispiel reagieren auf 15 Monate alte Kleinkinder, die auf andere einschlagen, mit Lachen und halten sie gar nicht davon ab[6]. Dass wir hingegen auf Aggression wie auf eine Bedrohung reagieren, ist Zeichen einer paranoiden Haltung, die uns unsere Kultur aufzwingt. Unser Blick auf andere Kulturen und Lebewesen ist durch unsere eigenen kulturellen Deformationen geprägt. Das Verhalten der Schimpansen bezeichnet de Waal deshalb als Machtpolitik.[7]

Der moderne Mensch befindet sich bei seiner Geburt in einem ähnlichen Zustand wie der Neandertaler. Beide Linien haben ihre nachgeburtlichen Entwicklungsmuster von älteren Linien ihrer Geschichte geerbt: »Den Schlüssel zur menschlichen Evolution finden wir auf der Zeitachse der Ontogenese, mit anderen Worten: in der Kindheit.«[8]

SCHWANGERSCHAFT UND SICHERHEIT

Es wurde bisher nicht berücksichtigt, dass die Kindheit des Neandertalers anders begann als die des neuzeitlichen Menschen, denn seine Austragungszeit dauerte länger. Tompkins und Trinkhaus haben gezeigt, dass das Schambein der Neandertalerin sich morphologisch erheblich von dem neuzeitlicher und moderner Frauen unterscheidet[1]: Die Beckenöffnung einer Neandertalerin war relativ breit. Trinkhaus und Tompkins gehen von einer Schwangerschaftsdauer von 11 bis 12 Monaten aus.[2] Auch Jared Diamond nahm mit 12 Monaten eine längere Wachstumsphase des Kindes im Körper der Mutter an.[3]

Etwa 11–12 Monate dauert eine Schwangerschaft bei den Neandertalern.

Die Tatsache, dass eine längere Schwangerschaft Konsequenzen für die Persönlichkeitsorganisation des Menschen hat, wurde in der archäologischen Literatur nicht beachtet. Portmann allerdings äußerte einen interessanten Gedanken: »Nähme sich ein menschliches Neugeborenes so viel Zeit, wie es braucht, um den Entwicklungsstand eines neugeborenen Affen zu erreichen, müsste eine Schwangerschaft 21 Monate betragen.«[4] Kovàcs schätzte sie auf 18 bis 20 Monate.[5]

Bostock schrieb: »Babys brauchen eine Atmosphäre, die sich entscheidend von der des normalen Alltagslebens unterscheidet und deren wesentliche Kennzeichen – Isolation und Sicherheit – dem Zustand während der Schwangerschaft sehr ähnlich sind.«[6] Wir sehen nicht, wie unfertig und unreif der menschliche Säugling bei seiner Geburt tatsächlich ist und wie lange diese Unreife noch anhält. Der Anthropologe Ashley Montagu wies darauf hin, dass der »zivilisierte« Mensch die Bedürfnisse des Kindes in dieser heiklen Entwicklungsphase noch nicht erkannt hat.[7] Ein Kind (aber auch das Schimpansenjunge), das während der ersten Monate seines Lebens keine angemessene Körperstimulation und nicht genügend Körperkontakt erfährt, wird in seiner Entwicklung nachhaltig behindert.[8] Wenn die für sein emotionales Wachstum nötige Stimulation fehlt, kann es die Entwicklungsprozesse nicht durchlaufen, die zur Entstehung von Vertrauen und einem inneren Sicherheitsgefühl notwendig sind.

Der menschliche Säugling ist bei seiner Geburt noch gänzlich unreif.

Die längere pränatale Reifungszeit bei den Neandertalern scheint mir der Schlüssel zum Verständnis des Wesens und der sozialen Strukturen unserer Vorfahren zu sein. Mit Portmann, Kovàcs, Bostok und Montagu gehe ich davon aus, dass eine längere Schwangerschaft eine solidere Basis bildet, um ein Sicherheitsgefühls zu entwickeln, denn es geht um genau die drei Monate, von denen wir heute wissen, dass sie für Neugeborene die kritischsten sind. Während dieser Phase ist der Säugling völlig abhängig von der Liebe seiner Eltern. Deren empathisches Eingehen auf seine Bedürfnisse festigt das, was für sein Weiterleben bestimmend ist, weshalb Montagu auch von einem »neotenen Merkmal« spricht.

Für eine gesunde Entwicklung muss ein Neugeborenes Körperkontakt erfahren.

Wir können davon ausgehen, dass der Nachwuchs der Neandertaler aufgrund seines stärker ausgebildeten Sicherheitsgefühls mit Belastungen und Stress anders umging als der heutige Mensch. Vielleicht ist es der Mangel an Sicherheit in der Beziehung zur Mutter (zum Beispiel durch verminderte Bedürfnisbefriedigung), der zur Ausbildung nervösen Verhaltens als Kompensation dieses Mangels beiträgt. Insofern könnte unsere ständige Rastlosigkeit und Nervosität[9] das Produkt einer sozialen Entwicklung sein, die von nichtempathischen Reaktionen der Eltern auf ihre Kinder gefördert wurde.

Vor etwa 45 000 Jahren drangen moderne Menschen in das westasiatische Gebiet der Neandertaler ein.[10] »Daten der Radio-Carbon-Methode lassen vermuten, dass die Neandertaler ungefähr vor 45 000 Jahren in Westasien und erst 5000 bis 15 000 Jahre später in Europa durch die aus Afrika stammenden Cro-Magnon-Menschen verdrängt wurden.« Klein meint, dass der Grund für das Verschwinden der Neandertaler in ihrer missglückten Anpassung an die Technologie der Jungsteinzeit bzw. des Cro-Magnon-Zeitalters liege. Fossilfunde zeigten, dass vor 13 000 bis 50 000 Jahren afrikanische Zeitgenossen der Neandertaler zwar in ihrer Anatomieentwicklung weiter, aber in ihrem Verhalten dem Neandertaler durchaus sehr ähnlich waren. Klein zufolge könnte eine etwa vor 50 000 Jahren erfolgte Veränderung der Gehirnfunktionen die spätere Verbreitung afrikanischer Menschen über Eurasien erklären. Demnach hätten die Neandertaler den Wettkampf verloren, weil sie es aufgrund von kulturgenetischen Merkmalen nicht schafften, ihre empathiebestimmte Kultur voranzutreiben.

Die früheste Mutter-Kind-Interaktion wurde mit den Vorgängen der Evolution nicht in Verbindung gebracht.

Diese Denkweise entlang genetischer Funktionen scheint mir eine Vereinfachung, die den Blick auf die Vorgänge der Evolution menschlichen Verhaltens verschleiert. Fragen zu frühesten Mutter-Kind-Interaktionen wurden, wie bereits betont, nie gestellt, als sei die menschliche Evolution nur Ausdruck einer kognitiven Entwicklung. Nicht in Erwägung gezogen wurde die Bewusstseinsveränderung in Form einer Verschiebung von der rechten auf die linke Gehirnhälfte. Zwar glaubt auch Klein, dass vor circa 50 000 Jahren eine Veränderung der Gehirnfunktionen stattgefunden hat, er schreibt sie allerdings einer genetischen Ursache zu. Eine Veränderung scheint also wahrscheinlich, aber nach meiner Meinung war sie funktioneller und nicht in erster Linie genetischer Natur. Es gibt kaum Hinweise darauf, dass es nach dem ersten Auftauchen moderner Menschen zu drastischen Verhaltensänderungen gekommen ist.[11]

Man ist sich einig, dass erste Anzeichen eines modernen Verhaltens etwa vor 50 000 Jahren zu finden sind. Die plötzliche Kulturentwicklung vor etwa 40 000 Jahren war keineswegs von einer Vergrößerung, sondern vielmehr von einer Verringerung des durchschnittlichen Gehirnvolumens begleitet.[12] Auf der anderen Seite sprechen die 77 000 Jahre alten geometrischen Formen und Gestalten, die Christopher Henschilwood et al. gesammelt haben, eher dafür, dass diese Entwicklung gar nicht so plötzlich eingesetzt hat und dass eher kulturelle, nicht genetische Faktoren daran beteiligt waren.[13] Damit soll nicht behauptet werden, die Gene seien für die Evolution bedeutungslos oder spielten eine untergeordnete Rolle. Im Gegenteil: Was die Entwicklung vorantreibt, ist die Interaktion *zwischen* den beiden Komponenten »Gen« und »Erfahrung«, aber nicht jeder der Komponenten für sich.[14]

Die Interaktion zwischen »Gen« und »Erfahrung« treibt die Entwicklung voran.

Wenn genetische Faktoren und die angeblich daraus resultierenden Wettbewerbsnachteile den Untergang der Neandertaler nur ungenügend erklären – welche andere Erklärung wäre noch möglich? Ich denke, dass sie im Bewusstsein der Neandertaler zu finden ist, das auf einer Persönlichkeitsorganisation basierte, die von einem stärkeren Sicherheitsgefühl getragen wurde.

EMPATHIE, SICHERHEIT UND GEHORSAM

Mit dem Aufkommen sogenannter großer Zivilisationen bildete sich ein Muster von Eroberung und Unterwerfung, das wiederum die Bedingungen schuf, aufgrund derer sich Menschen von ihrer Fähigkeit zur Empathie distanzierten. Gould, der Ägyptologe Hayes und der Archäologe Wolley betonen, dass in den prähistorischen Kulturen des Nahen Ostens keine Anzeichen für Krieg und Gewalt gefunden werden konnten.[1] Ähnliches wurde im peruanischen Caral festgestellt.[2]

In den prähistorischen Kulturen des Nahen Ostens wurden keine Anzeichen für Krieg und Gewalt gefunden.

Macht und Eroberung als gängige Kulturmuster müssen ihren negativsten Ausdruck in einer Veränderung des Bindungsverhaltens der Mütter und Väter für die Bedürfnisse ihrer Kindern gefunden haben, weil die Eltern für die Kinder nicht mehr so häufig ansprechbar waren.

Stanley Milgrams Arbeiten zum Thema Gehorsam gegenüber Autorität haben gezeigt, wie Gehorsam, das Hauptkennzeichen großer Zivilisationen, die empathische Reaktion schwächt.[3] Lloyd deMause, ein Kindheitsforscher, vermittelt uns ein Bild der zerstörerischen Natur von Eltern-Kinder-Beziehungen in den letzten 7000 Jahren unserer Geschichte.[4] William James hat schon vor langer Zeit darauf aufmerksam gemacht, dass der Schmerz über die Nichtanerkennung des individuellen menschlichen Seins so groß ist, dass sie zu Wut, ohnmächtiger Verzweiflung, ja sogar zum Tod führen kann.[5]

Hinzu kommt, dass der von der Verlagerung auf die linke Gehirnhälfte gesteuerte Abstraktionsprozess eine Distanzierung von Schmerz ermöglicht. Durch die von der linken Gehirnhälfte modulierten abstrakten Fähigkeiten können Schmerz und Unsicherheit verleugnet und überbrückt werden. Mit anderen Worten, die Entwicklung von kognitiven Konzepten wie Männlichkeit, Heldentum, Macht und Eroberung machen die Negation und Kompensation von Ohnmacht, Unsicherheit und Schmerz möglich.

Gehorsam und abstraktes Denken schwächen die Fähigkeit zu Empathie.

Vielleicht hatte jene explosive Kulturentwicklung vor 50 000 bis 40 000 Jahren[6] ihren Ursprung in dieser Verschiebung der Bewusstseinsprozesse auf eine Dominanz der linken Hemisphäre, wobei mithilfe von Gehorsam und abstraktem Denken negative Bindungsmuster in unsere Kultur Eingang fanden – negativ, weil Gehorsam und abstraktes Denken die Fähigkeit zu Empathie schwächen und sich damit schädlich auf den Muttertrieb auswirken.

Martha Welch und ihre Mitarbeiter konnten in einer Forschung belegen, dass intensive mütterliche Fürsorge die Ausschüttung von Antistresspeptiden fördert, was wiederum die Bindung stärkt und damit die Interaktion zwischen Mutter und Kind anregt.[7] Werden die Bedürfnisse des Kindes auf diese Weise erfüllt, kann sich Empathie entwickeln, wenn nicht, sind Wut- und Ohnmachtgefühle sowie ein Mangel an Empathie die Folgen.

In diesem Zusammenhang sind die Erkenntnisse von Harald Strohm, einem Religionsforscher des Altertums, von Bedeutung. Strohm beschreibt, dass die Götter früher Religionen nicht strafend, sondern gütig und wohlwollend waren.[8] Götter der Furcht, Verdammnis und Rache entstanden wohl erst mit dem Aufkommen »großer« Zivilisationen, die zur Durchsetzung ihrer Herrschaftsansprüche den Gehorsam der Untergebenen brauchten. Furcht und Strafe sind die Mittel, um Gehorsamkeit durchzusetzen. Jaynes schreibt, in der *Ilias* nähmen die griechischen Götter mit ihren Stimmen im Menschen jenen Raum ein, aus dem die Grundlage menschlichen Handelns hervorgeht. So lassen sich die inneren Stimmen der Helden auch heute noch verstehen: Die Taten der Menschen sind in der Sage das Resultat eines Gehorsams

Gehorsam der Untergebenen zur Durchsetzung von Herrschaftsansprüchen.

gegenüber autoritären Göttern.[9] Helen Lynd weist darauf hin, dass die Entwicklung der Sprache diese Prozesse noch verstärkt.[10] Wenn Sprache durch den sozialen Druck einer von Gehorsam abhängigen Kultur entsteht, dann hat die Sprache selbst eine besondere Wichtigkeit für das Entstehen von Identität. Beim Sprechenlernen lernt das Kind, sich selbst im Licht der gegebenen und erlaubten sozialen Konventionen zu sehen. Das bestimmt, wie es in Beziehung zu anderen Menschen treten kann. Gehorsam spielt also bei der Bildung der sozialen Identität eine zentrale Rolle.

Welchen Einfluss Sprache auf die Identitätsentwicklung hat.

Ein Beispiel dafür, wie die eigene Identität hervortritt, wenn Sprache sabotiert wird, ist die Geschichte Albert Einsteins. Als er zu seinen Sprachschwierigkeiten als Kind befragt wurde, erzählte er, wie ihn seine Mutter von Neurologen untersuchen ließ, weil man vermutete, er sei geistig behindert. Er habe, so sagte er in einem Interview, nicht sprechen und deshalb auch nicht mit der erwachsenen Welt kommunizieren können. Dadurch habe er aber an seinen eigenen kindlichen Wahrnehmungen festhalten können. Weil er die Welt unbeeinflusst von der Logik der Erwachsenensprache mit seinen eigenen Augen sehen konnte, war er später dazu fähig, die Relativitätstheorie zu formulieren.[11]

Leacock beschreibt, wie die von Jesuiten im 17. Jahrhundert in Kanada missionierten Montagnais-Naskapi-Indianer aufgrund ihrer Bekehrung Verhaltensweisen entwickelten, die sich von ihrer früheren Art, die sich durch Freiheit und Offenheit auszeichnete, vollkommen unterschieden.[12] Sobald die Konvertiten den religiösen Lehren gehorchten, suchten sie nach Wegen, um ihre Mitmenschen, die anders als sie selbst waren, zu bestrafen. Sie gaben also einem Bedürfnis nach, das sie vorher gar nicht gekannt hatten. Gehorsam scheint laut Lynd also zu einem Bedürfnis nach Eindeutigkeit und Präzision als Kriterium der Verantwortung zu führen. Aber diese »Verantwortung« hat mit einer Verhaltensweise zu tun, bei der die Form der Anpassung an soziale Normen zum Merkmal persönlicher Kohärenz wird. Sie hat nicht die Bedeutung, dass man Verantwortung für das eigene Handeln übernimmt, weil gar nicht beachtet wird, welchen Einfluss das eigene Handeln auf die Mitmenschen hat. Diese Art falscher Verantwortung, meint Lynd, verhindert die Entwicklung einer Sprache, mit der vielfältigere und komplexere Erfahrungen ausgedrückt werden können. Auf diese Weise spielt auch Gehorsam eine Rolle bei der Schwerpunktverlagerung auf die linke Gehirnhälfte mit ihrer isolierenden und die Empathie beschränkenden Wirkung auf das Bewusstsein. Auf diese Weise setzt Sprache selbst eine Entwicklung in Gang, die die Entfaltung einer Sprache behindert, mit der emotionale Erfahrungen beschrieben werden können.

Das allmähliche Entstehen von Gehorsam und Strafen

SPRACHE UND IDENTITÄT

Diese reduzierte Entwicklung setzt sich in einem Prozess fort, der von einer Terminologie des Herrschens und der Kontrolle gekennzeichnet ist (die erwähnten Tafeln alter Zivilisationen verwenden eine solche Sprache). Als Teilnehmer an diesem Prozess können wir dies nur schwer erkennen. Sprache spiegelt deshalb nicht einfach eine Evolution wider, die zu immer mehr »Entwicklung« führt: Wie Edward Sapir formuliert[1], dient Sprache nicht nur dazu, Erfahrungen festzuhalten und zu kommunizieren. Es geht vor allem darum, die Bedeutung der Erfahrungen zu definieren. Eine Sprache, die von der linken Gehirnhälfte dominiert wird, kann das Erforschen emotionaler Erfahrung sowohl unterstützen als auch behindern. Der Linguist Benjamin Lee Whorf hielt Sprache weniger für eine Gedankenspiegelung als vielmehr eine »Form«, in die unsere Gedanken gegossen werden.[2]

Sprache ist eine »Form«, in die Gedanken gegossen werden.

Ein gutes Beispiel ist die Sprache der Hopi-Indianer. Ihr Denken ist kontextbezogen und nicht reduziert durch abstrakte Einengung auf einzelne Elemente, die nur ein Teil des Ganzen sind. So enthält die Hopi-Sprache keine Zeitwörter, die sich auf die Vergangenheit, Gegenwart oder Zukunft beziehen, wie wir sie verstehen[3]: Die zeitliche Dimension einer Handlung wird nicht von der räumlichen Dimension getrennt. Trotzdem lassen sich damit alle beobachtbaren Phänomene, und zwar auf eine pragmatische oder operationale Weise, beschreiben. Aussagen über Dinge sind immer auch Aussagen über Geschehnisse. Man kann also von einem *prozessorientierten Denken* sprechen. Wir haben es hier mit einem Phänomen zu tun, das mit der rechten Gehirnhälfte assoziiert ist.

Wie sich ein emotionaler Ausdruck als ein Ausdruck rechtsseitiger Dominanz präsentiert, kann man am Gebrabbel eines fünf Monate alten Babys erkennen[4]: Gebrabbel ist eine Reaktion, die der Gesamtstruktur des frühkindlichen emotionalen Verhaltens völlig entspricht. Die Dominanz der linken Gehirnhälfte hingegen steht mit einer frühkindlichen emotionalen Deprivation in Zusammenhang, einer Erfahrung, die Unzulänglichkeitsgefühle hervorgebracht haben. In unserer Kultur versucht man ein Gefühl persönlicher Schwäche für gewöhnlich zu kompensieren, indem man Machtpositionen anstrebt, um andere Menschen zu dominieren und zu demütigen. Auf diese Weise wird emotionale Entbehrung tief in der organischen Struktur verankert.

Mark Lewis et al. berichten über Langzeitveränderungen im Verhalten und in der Neurobiologie von Primaten, die während ihres ersten Lebensjahres soziale Deprivationen erfuhren.[5] Die Studie zeigte, dass Deprivation die Überlebenschance signifikant verringerte, wobei vor allem männliche Tiere früh starben. Deprivation war außerdem verbunden mit einer Verringerung des Anteils der T-Helferzellen gegenüber den T-Supressorzellen sowie einem signifikanten Anstieg und einer verstärkten Aktivität von Killerzellen. Frühe soziale Entbehrung führt also zu lebenslangen Auswirkungen auf den zellvermittelten Immunstatus. Eine signifikante Rolle spielt soziale Entbehrung auch in Hinblick auf das Sterblichkeitsrisiko von Säuglingen.[6]

Frühkindliche emotionale Deprivation kann mitunter schwere Folgen haben.

Die Folgen von Deprivation scheinen durch Bewusstseinsveränderungen einen kognitiven Modus zu prägen, der zu einer Abwertung von körperlichem und seelischem Schmerz führt und das Bedürfnis, andere Menschen im Griff zu haben, fördert. Die Interpretation von Schmerz und Leid als Zeichen der Schwäche verfestigt deren Entwertung. Dieser Verhaltensmodus erhöht Stress, was beim Säugling wiederum zu einer Deregulation der fundamentalen und reaktiven Stresshormone, vor allem der epinephrinen Neurotransmitter, führt[7]. Bei adäquater mütterlicher Pflege passiert dies nicht.

BEWUSSTSEIN IST MEHR ALS KOGNITION

Juan Luis Arsuaga bezieht sich in seinen Schriften über das Bewusstsein früher Menschen ausschließlich auf kognitives, in symbolischen Aktivitäten zum Ausdruck gebrachtes Denken.[1] Er kann sich, wie es scheint, ein Bewusstsein jenseits intellektueller Leistungen nicht vorstellen.

Doch Sapirs Studien über die Sprache der Hopi-Indianer zeigen, dass Bewusstsein aus einer ganz anderen Perspektive betrachtet werden kann, wenn das Bewusstsein nämlich nicht von der linken Gehirnhälfte dominiert wird. Wenn Menschen, die vor dem Aufkommen »großer« Zivilisationen und deren Zentrierung um Macht, Unterdrückung und Eroberung existierten, durch ihr ausgeprägtes Bindungsverhalten ein größeres Sicherheitsgefühl in sich trugen, dann können wir davon ausgehen, dass ihr Bewusstsein von der rechten Gehirnhälfte regiert wurde. Wir müssen beachten, dass die Art von Bewusstsein, die ein Mensch entwickelt, davon abhängt, wie er als Säugling versorgt wurde. In Hinblick auf die verkürzte neunmonatige

Die Art des Bewusstseins, die ein Mensch entwickelt, hängt von seiner Versorgung als Säugling ab.

Schwangerschaft und die ersten kritischen drei Monate nach der Geburt müssen wir davon ausgehen, dass die auf der Basis einer inadäquaten Pflege entstandene Bindung das Bewusstsein prägt. Dieses Bewusstsein wird die Dominanz der linken Gehirnhälfte widerspiegeln und bewirken, dass Erfahrungen auf eine äußerliche, logische und die Emotionen abspaltende Weise verarbeitet werden und die Fähigkeit zu einer inneren Ausrichtung geschwächt wird.

Geistiges Verhalten und abstraktes Denken haben eine völlig andere Gewichtung, wenn das Bewusstsein in den von der rechten Gehirnhälfte geprägten Prozessen wurzelt. Das wird im wissenschaftlichen Denken noch nicht genügend beachtet. Der Gedanke, Menschen sollten sich ihrer Kindheit entledigen und sie vergessen, geht auf Descartes zurück.[2] Sein Menschenideal war ein leeres Subjekt, das sich langsam mit objektiven Inhalten füllen sollte. Wenn wir berücksichtigen, dass die amerikanischen Pawnees[3] die Welt in einer von der rechten Gehirnhälfte gesteuerten integrierenden und nicht wie wir in einer isolierenden Weise wahrnehmen, dann müssen wir die Evolution in einem neuen Licht betrachten.

Harlow und Harlow haben gezeigt, dass nicht adäquat betreute Rhesusaffenbabys später als Mütter ihre eigenen Jungen misshandeln, Erfahrungen also nicht nur weitergeben, sondern für ihren Nachwuchs eine Welt voller Gefahren kreieren.[4] Unter solchen Voraussetzungen aufgewachsene Nachkommen, ob Mensch oder Nichtmensch, entwickeln ein Verhältnis zu ihrer Umwelt, das auf Vermeidung und Abwehr basiert. Ihre Wahrnehmung verengt sich, ihre Überlebensstrategie besteht vor allem in defensivem Verhalten.[5]

Wie Misshandlung sich auf die Mutter-Kind-Beziehung auswirken kann.

STRESS, ANGST, VERSORGUNG UND BEWUSSTSEIN

Eine solche Entwicklung manifestiert Misstrauen. Statt Neugier zu wecken, lösen Unbekanntes und Fremdes Angstgefühle und Herabsetzung aus.[1] Anhaltender Stress wirkt sich erwiesenermaßen negativ auf die Hormonregulation aus und führt zu körperlichen Störungen. Laut Welch aktiviert »praktisch jede Art von Stress, dem der Fetus ausgesetzt ist, das adrenaline Neurotransmittersystem. Starker Stress dereguliert den basalen und reaktiven Stresshormonhaushalt, besonders den von Epinephrin«.[2] Das Gegenteil tritt ein, wenn mütterliche Fürsorge auf organischer Ebene den Thalamus derart konditioniert, dass er für eine angemessene Bewältigungsreaktion sorgt.

Daraus kann man schließen, dass ein Mangel an Empathie bei der Versorgung des Kindes zu Problemen im Umgang mit Stress und zur Ausbildung einer übermäßigen Dominanz der linken Gehirnhälfte führt, die Stresserfahrung abspaltet und verengt (der von Mithen[3] beschriebene irrationale Rassismus ist hierfür ein Beispiel). Dies geschieht, um traumatisie-

Wer in der Kindheit zu wenig Empathie erfährt, hat später Probleme im Umgang mit Stress.

rende und paralysierende Reize zu bewältigen. Es kann gut sein, dass die Art von kognitiver Entwicklung, wie sie Arsuaga für die Herausbildung des menschlichen Bewusstseins annimmt, zu einem späteren Stadium stattfindet, wenn das Bewusstsein sich bereits von der rechten auf die linke Gehirnhälfte verlagert hat. Die Entwicklung eines Bedürfnisses nach Besitz und Kontrolle – als Kompensation der Hilflosigkeit und des Leidens – muss zum Aufkommen großer Zivilisationen geführt haben.

Ich gehe davon aus, dass das Bewusstsein der Neandertaler in der rechten Gehirnhälfte verwurzelt war und das längere Verbleiben des Säuglings im Körper der Mutter für einen sicheren Start ins Leben sorgte. Während der drei zusätzlichen Monate im Schutz der intrauterinen Umgebung war der Säugling auch nicht dem Risiko einer inadäquaten Versorgung ausgesetzt. Bei diesen Menschen war das Bewusstsein mehr in emotionalen Prozessen verankert. Sie zeigten wahrscheinlich ähnliche Stressreaktionen wie die !Kung, deren Bewusstsein nicht nach Kompensation für die Erfahrung von Schmerz und Leiden aufgrund einer mangelhaften Bemutterung schreit, weil diese Gefühle ja kein Zeichen von Schwäche darstellen und deshalb nicht verleugnet werden. In diesem Sozialkontext kann die Zuwendung einer anderen Person akzeptiert werden, weil sie nicht als Bedrohung empfunden wird.

Das Bewusstsein unserer Kultur macht aus Beziehungen immer eine Frage von Unterwerfung bzw. Eroberung.

Die Würde der Yahi-Indianer

Bei den amerikanischen Yahi-Indianern waren Kinder angenommen und willkommen.[4] Kroeber beschreibt, dass ihr Selbstbewusstsein nicht auf dem Bedürfnis basierte, Stärke und Furchtlosigkeit zu beweisen. Im Gegenteil: Sie hatten eine Würde, die nicht abhängig war von Identifikationen mit einer Autorität. Unterwerfung hätte für sie zu einem Verlust der eigenen Identität geführt. Als sie sich mit der überwältigenden Macht der weißen Eindringlinge konfrontiert sahen, wählten sie nicht den Kampf, sondern entschieden sich zum Rückzug. Ein Bewusstsein, das auf einem Ideal männlicher Stärke beruht, hätte das nie gestattet. Bei uns wird entweder gekämpft, oder man identifiziert sich mit dem Stärkeren – eine andere Reaktion gälte als Unterwerfung.

Darwin wurde falsch interpretiert.

Wenn die Entwicklung des Bewusstseins für ein Verständnis der Menschheitsgeschichte nicht als wichtig erachtet wird, übersieht man dessen Rolle in der Evolution. Dabei könnte genau hierin eine Erklärung für das Verschwinden der Neandertaler zu finden sein. Unter Überleben des Stärkeren verstehen wir immer, dass evolutionsgeschichtlich die Besten überlebt haben. Aber mit »the fittest« meinte Darwin die den jeweiligen Bedingungen am besten Angepassten. Das ist nicht das Gleiche wie der »Beste«. Bereits 1959 wies Schneirla auf diese Fehlinterpretation hin.[5] Dass die Yahi verschwanden, heißt daher nicht, dass sie evolutionsgeschichtlich gesehen minderwertig waren, sondern im Gegenteil: Laut Kroeber verhielten sie sich menschlicher als jene Menschen und ihre kulturelle Strukturen, die ihre Existenz bedrohten.

> *»Die überlebenden Yahi scheinen in ihrem langen und hoffnungslosen Überlebenskampf nie geistig-seelische Stabilität verloren zu haben.«* Ihr Rückzug rettete weder das Überleben Einzelner noch das Überleben als Volk, aber ihr Leben war *»im Hinblick auf ihre Psychologie und Lebensart überaus erfolgreich … Die Gruppe beherrschte die schwierige Kunst des gemeinschaftlichen und friedlichen Miteinanders … angesichts tragischer und schlechter Zukunftsaussichten.«*[6]

Die Yahi hörten auf, sich zu vermehren. Das mag auch ein Aspekt für das Verschwinden der Neandertaler gewesen sein, da sie sich in einer Welt befanden, die mehr und mehr von abstraktem Denken als empathischem Verhalten bestimmt war. Andere Aspekte könnten auch mit der Anfälligkeit für Morbus Bechterew zu tun gehabt haben, da das Gen HLA-B27, das dem Neandertal zugeordnet wird, die Yahi dieser Erkrankung aussetzte.[7]

Es gibt andere Bewusstseinsformen als die, die wir

für universell halten. Das zeigt Gene Weltfishs Studie an den Pawnee-Indianern Oklahomas, die 30 Jahre dauerte.[8] Die Anthropologin Weltfish, die viele Indianerstämme des amerikanischen Westens erforscht hat, zeichnet ein Bild vom Bewusstsein der Pawnee, das sich von dem unsrigen stark unterscheidet. Dadurch wirft sie auch ein Licht auf unsere eigene Geschichte, denn ohne den Vergleich, so schreibt sie, würden wir diese Unterschiedlichkeit gar nicht verstehen.

»Wir brauchen ein menschliches Vorbild, das nie in eine Massenform gepresst wurde.«

»Für Tausende von Jahren hat man Menschen in herrschende Klassen und beherrschte Massen aufgeteilt. Wenn wir daran festhalten, dies als einen historischen Fortschritt und damit als nützlich für die Menschheit zu interpretieren, werden wir nie in der Lage sein, uns von dieser Gewohnheit zu befreien. Daher sollten wir uns nach einem menschlichen Vorbild umschauen, das nie in eine Massenform gepresst wurde, auch wenn seine Lebensbedingungen sich von den unseren unterscheiden. Ein solches Vorbild könnte der Pawnee sein.«

Weltfish kommt zu dem Schluss:

»Die seit mehreren tausend Jahren gültige Zivilisation der Alten Welt basiert auf einer Vermassung der Menschen. Bei den Pawnees ist es anders. Jeder und jede Einzelne hat ein eigenes, persönliches und selbst gesetztes

Ziel, das sein Geheimnis bleibt. Sein Bestreben ist nicht, einen Anderen zu übertreffen, sondern selbst zu wachsen … Sie waren ein diszipliniertes Volk, das unter vielen widrigen Bedingungen seine soziale Ordnung aufrechterhielt, obwohl sie keine der Machtmechanismen, die wir für nötig halten, benutzten. Nie wurden Befehle erlassen … Es gab keinen Normenkodex, keine Verhaltensvorschriften, keine Strafen. Es gab weder Gesetze noch Moralpredigten.«[9]

Demokratie war etwas sehr Persönliches. Im Grunde ging es darum, sich von niemandem etwas aufzwingen zu lassen, und umgekehrt, niemanden zu etwas zu zwingen.

»Die Pawnees lernten diese Lebensart schon zu Beginn ihres Lebens. Schon in den kleinen Dingen des kindlichen Alltags begann die Entwicklung zu einem disziplinierten und freien Menschen, dessen Würde und Unabhängigkeit unangetastet ist.«[10]

Wir sind von unserer Prägung durch den Gehorsam gefangen.

Unser Leben steht unter der Doktrin des Gehorsams, deshalb ist uns eine solche Entwicklung fast nicht möglich. Gehorsam führt zu einem Selbstbild im Sinne der dominanten linken Gehirnhälfte, die Erfahrungen nicht integriert, sondern abspaltet.

Dies ist auch für Elenore Burke Leacock der Schlüssel zur Bewusstseinswandlung, die bei vielen Montagnais-Naskapi-Indianern im 17. Jahrhundert stattfand, als sie angeleitet von Jesuiten konvertierten.[11] Genau wie sie betrachten wir uns als frei, sind aber von unserer Prägung durch den Gehorsam gefangen.[12] Dieser macht es dem Einzelnen fast unmöglich, die Mechanismen zu überwinden, die der Gehorsam in der frühesten Lebensphase verfestigt hat: dass sie als Kinder die Haltung ihrer Eltern als gültige Realität akzeptieren mussten. Auf diese Weise entwickelt sich die Tendenz, die Pose der Eltern, also der Autorität, die sie verkörpern, als einzige Wirklichkeit anzunehmen und die Wahrheit zu missachten. Ungehorsam gegenüber autoritären Vorschriften hingegen lässt Urängste aufkommen, wenn nicht sogar panischen Terror.

SCHWANGERSCHAFT, SICHERHEIT UND DIE EVOLUTION DES MENSCHEN

Wir können annehmen, dass die Schwerpunktverlagerung von der rechten auf die linke Gehirnhälfte zu einem Bewusstsein führte, das die Beziehung des Menschen zu seiner Umwelt veränderte.

Linksseitig gesteuertes Bewusstsein verändert das Verantwortungsgefühl.

Jaynes zeigt, dass ein linksseitig gesteuertes Bewusstsein auch zu einer veränderten Betrachtung von Verantwortung führte.[1] Die Verantwortung für das eigene Handeln wurde auf die Götter geschoben.[2]

> *»Der Mensch der Ilias kannte keine Subjektivität; er hatte keine Bewusstheit für sein Bewusstsein der Welt, er kannte nicht die innere Welt der Introspektion … Das Wollen, Planen, Initiieren geschah überhaupt nicht aus dem Bewusstsein heraus.«*[3]

Nach Jaynes handelte der Mensch der Ilias nicht aus sich heraus, sondern immer in Gehorsam den Göttern gegenüber. Statt Verantwortungsgefühl gibt es nur Gehorsam. Die Welt der Ilias spiegelt eine Sozialstruktur, bei der die Hierarchien der Beamten, Soldaten und Arbeiter sowie die Lagerbestände und Güterverzeichnisse, die man dem Herrscher und besonders den Göttern schuldete, immer im Mittelpunkt des Bewusstseins standen.[4] Alles drehte sich um den Gehorsam gegenüber den Göttern und Autoritäten.

> *»Die Geschichte der Evolution menschlichen Verhaltens besteht aus einem Ringen, seitens derer Bewusstsein verbunden blieb mit ihren empathischen Grundzügen, für eine Reintegration ihrer Menschlichkeit. Man könnte sagen, dass dieser immer wieder angehende Kampf ein Ringen um die Wiederherstellung von Verantwortung ist, und dass dieser eine Hauptursache für die andauernden sozialen Umwälzungen der vergangenen 10 000 (oder mehr) Jahre ist. Es ist ein Kampf um die Wiederbehauptung des rechtsseitigen Bewusstseins. Jesus Christus ist ein Beweis dieses Ringens. Viele dieser Versuche scheitern jedoch, da sie in einem Selbstverrat enden, weil ihre Kontrahenten sich nicht von ihrer Identifikation mit Macht lösen können.«*[5]

Schmerz und Leid werden als Zeichen der Schwäche verleugnet.

Welche Wirkung Gehorsam auf das menschliche Bewusstsein hat, muss im Zusammenhang mit dem Ertragen von seelischem Schmerz verstanden werden. In einer Zivilisation, die sich auf Gehorsam gegenüber Autorität und der Verherrlichung heldenhaften Verhaltens gründet, werden Schmerz und Leid als Zeichen der Schwäche verleugnet. Der von Unterwerfung und

Demütigung ausgelöste Schmerz wird als Akt des Ungehorsams gegenüber der ihn verursachenden Autorität gesehen, was wiederum zu Gewalt und Aggression führt. Diese Verhaltenskette hat strukturelle und organische Begleiterscheinungen. Neue Studien zum Schmerz durch Ablehnung, die von Naomi Eisenberger, Mathew Lieberman und Kipling Williams durchgeführt wurden, weisen darauf hin, dass der rechte ventrolaterale präfrontale Kortex während einer Stresserfahrung aktiv ist.[6]

Schmerz durch Ablehnung

Jack Panksepp hat nachgewiesen, wie Schmerz und Leid durch die Unterstützung anderer Menschen und durch die Erfahrung liebevoller Gefühle gelindert werden.[7]

Doch was geschieht, wenn Schmerz und Mitgefühl unterdrückt werden? Panksepp meint, dass ein Verleugnen von Schmerz die Freisetzung von Opioiden, besonders Endorphinen, verhindert, und daher, wenn der Schmerz nicht gelindert wird, die Bedingungen für gewaltsame Aggression schafft. Die Neurochemie der sozialen Bindung zeigt, dass die Verzweiflung über das Getrenntsein, die mit einer Störung der Mutter-Kind-Bindung einhergeht, den Schmerz über den Verlust sozialer Unterstützung hervorbringt, und dies unterscheidet friedliche Kulturen von kriegerischen Eroberungskulturen.

In seiner Studie über das Bewusstsein bringt Jaynes zum Ausdruck, dass in der Ilias die Beziehung des

Menschen zu seinen Göttern von Gehorsam geprägt war und nicht von eigener Verantwortung. Aggressive Gewalt ist somit erlaubt, denn die Götter haben sie ja befohlen. Bei Völkern, deren Religion nicht von Gehorsam gegenüber Göttern, sondern von einer integrativen Beziehung mit ihrer Umgebung bestimmt wird, beobachten wir eine auf Gegenseitigkeit beruhende Beziehung zwischen Natur und Mensch, was zu einem Verantwortungsgefühl für die eigenen Handlungen führt. Die religiösen Zeremonien der Pawnees zum Beispiel dienten der Aufrechterhaltung der kosmischen Ordnung. Menschen spielten im Fortbestehen der Erde und ihrer Lebensprozesse eine wesentliche Rolle, wobei jeder einzelne Mensch daran teilhatte.[8]

Das Selbstgefühl basiert auf Gleichheit und nicht auf Gehorsam.

C.G. Jung gibt wieder, was Ochwia Biano, der Häuptling der Indianer des Taos Pueblo in New Mexico, ihm über seine Beziehung zu Gott erzählte:

> *»Wir sind Söhne von Vater Sonne, und mit unserer Religion [d.h. durch Gebet] helfen wir unserem Vater jeden Tag, über den Himmel zu gehen. Dies tun wir nicht für uns selbst, sondern für die ganze Welt. Wenn wir unsere Religion nicht mehr ausübten, würde die Sonne nicht mehr aufgehen. Dann wäre es für immer Nacht.«*[9]
> Dazu Jung: *»Dass der Mensch Gott etwas zurückgeben kann, löst Stolz aus, denn dadurch wird der Mensch auf den Rang des Metaphysischen erhoben.«*

Mit anderen Worten: Das Selbstgefühl basiert auf Gleichheit und nicht auf Gehorsam. Ein solches Bewusstsein zu verstehen, fällt uns schwer. Das illustriert eine andere Aussage des genannten Häuptlings:

> *»Die Weißen ... suchen immer etwas; sie sind immer ruhelos und nervös. Was wollen sie nur? Wir wissen es nicht. Wir verstehen sie nicht. Wir halten sie für verrückt.«*
>
> Jung fragte ihn, warum er so dachte. *»Sie sagen, dass sie mit dem Kopf denken«*, antwortete der Indianer. *»Ja sicher. Womit denken Sie denn?«* fragte Jung. *»Wir denken hier«*, sagte Ochwia Biano und zeigte auf sein Herz.[10]

Das unterscheidet die Indianer und sehr wahrscheinlich auch unsere Vorfahren von uns. Das werden wir so lange nicht verstehen, wie wir die Änderung des Bewusstseins in der Evolution menschlichen Verhaltens ignorieren. Erst wenn wir anfangen zu verstehen, wie wichtig Empathie für unsere Geschichte als Menschen ist, werden wir auch für unsere Vergangenheit ein angemessenes Verständnis haben.

Empathie verstehen heißt, die Geschichte des Menschen verstehen.

Kognitive versus empathisch gesteuerte Wahrnehmungen finden wir auch in anderen Lebensbereichen, wie von Bienen. Hier sind die Empathischen wichtiger für ihr Fortbestehen als Spezies. Pennisi beschreibt

Forschungen, die belegen, dass kognitiv durchschnittlich begabte Bienen mehr Pollen einsammelten. Sie zitiert auch Mornd-Ferron von der Universität Ottawa, die 2012 beobachtete, dass europäische »great tit« Vögel, die kognitiv klüger waren, mehr Eier legten und bessere Essensammler waren, diese jedoch viel eher bereit waren, ihre Nester, samt Nachwuchs, aufzugeben.[11]

DIE BEDÜRFNISSE DES KINDES UND DAS EMPATHISCHE UND KOGNITIVE LERNEN

Ähnliches zeigt sich auf der menschlichen Ebene, wenn wir kognitives mit empathischem Lernen vergleichen. Sara B. Heller entwickelte ein Programm in Chicago für gewaltgefährdete Kinder und Jugendliche, indem sie ihnen eine bezahlte und sinnvolle Arbeit gab.[1] Dies, und nicht Verbesserung durch kognitives Lernen im Schulsystem, reduzierte kriminelle Gewalttaten bis zu 43 % über die folgenden 16 Monate.[2] Und auch die dänischen Pädagogen Jesper Juul und Peter Høeg machen klar, dass Empathie die Kraft ist, die die Menschheit in ihrer Evolution vorangetrieben hat.[3]

Empathie ist die Kraft, die die Menschheit in ihrer Evolution vorangetrieben hat.

Das ist anders, als wenn wir uns mit anderen ein Leben lang messen müssen, wie ein Leitartikel im »Folio« der »Neuen Zürcher Zeitung« unser Sein beschreibt.[4] Natürlich gilt das nicht für alle in unserer Kultur. Viele lassen sich vom Empathischen steuern. Wie viele Menschen es sind, belegen etliche Studien. Die Interaktion zwischen den kognitiven und den empathischen Wahrnehmungen bestimmt unser Bewusstsein. Daher ist die Eltern-Kind-Bindung entscheidend für den Aufbau unseres Bewusstseins. Ist diese Beziehung frei von Angst und Terror, entwickelt sich ein Bewusstsein, in dem empathische und kognitive Wahrnehmungen integriert sind.

Zusammenhang von permantem Stress und abstraktem Denken.

Wenn dagegen ein Säugling einem oder permanentem Stress ausgesetzt ist, der Angst und Terror hervorruft, dann entwickelt sich ein Bewusstsein, das vollständig von kognitivem Lernen und abstraktem Denken geprägt wird. Dieses Bewusstsein ist wie das Unbewusste geformt, das Freud als erster erkannte, aber auf sexuelle Konflikte beschränkte. Die früheste Interaktion zwischen Mutter und Kind, das ein Kontinuum der körperlichen Berührung zwischen ihnen prägt, bestimmt die Entwicklung des Bewusstseins beim Kind. Dieses Kontinuum zwischen Mutter und Kind muss sich verändert haben, was sich vermutlich am Beginn von Ackerbau und Landschaft ereignete und dieses Mutter-Kind-Kontinuum einschränkte.

Wird ein Kleinkind vom Körperkontakt zu seiner Mutter (oder auch zu seinem Vater) getrennt, erlebt es Angst und Terror. Wenn es mit seiner Hilflosigkeit allein gelassen wird, wenn seine Bedürfnisse nach Körperkontakt nicht anerkannt werden, wird es von einem Gefühl des Nicht-am-Leben-Seins bedroht. Wenn der Erwachsene nicht auf sein Kind eingehen kann, weil er oder sie selbst das Empathische verdrängen musste, dann geschieht, was die 1954 geborene, russische Dichterin und Menschenrechtsaktivistin Irina Ratuschinskaya als Siebenjährige erlebte:

Gefühl des Nicht-am-Leben-Seins

»Es war absolut klar, dass die Erwachsenen in zwei Gruppen eingeteilt waren. Die erste bestand aus wirklichen Menschen, geboren von Müttern, die selbst einmal kleine Kinder waren. Die andere Gruppe wurde irgendwie in der Fabrik produziert und konnte sich nicht mit Kindern verständigen, weil sie selbst nicht klein gewesen waren.«[5]

Was sie beschreibt, ist die Weitergabe der Unterdrückung des Empathischen und die Anfänge des Bewusstseins, das sich auf das Kognitive konzentrieren muss, um zu überleben. Ein Kind muss alles tun, um die Angst und den Terror zu beseitigen, und das kann es nur mit Denkformeln tun, um eine in Wahrheit lieblose Beziehung (und die involvierten Eltern halten sich meist für liebende Eltern) umzukehren. Solche Situationen lösen die Entwicklung von Schuld aus, denn, indem ein Kind Ablehnung so erfährt, als hätte das Kind diese Ablehnung selbst verursacht, fühlt das Kind, dass es diese Ablehnung ändern kann, wenn es nur den richtigen Schlüssel findet. Diese Umkehr der

Wirklichkeit führt zur Abhängigkeit von autoritären Strukturen und verhindert, dass die Trauer verarbeitet wird, was nötig ist, um Angst und Terror überwinden zu können.

Das Resultat dieser kognitiven Entwicklung des Bewusstseins ist der Männlichkeitswahn, das Bedürfnis alles, auch natürlich die Frauen, in den Griff zu bekommen, also alles zu besitzen. Mantell hat in seiner Untersuchung der Green Berets, einer militärischen Spezial- und Elite-Einheit im Vietnam-Krieg, deren Machoverhalten und Grausamkeiten hinlänglich bekannt waren, herausgestellt, dass die Soldaten dieser Einheit von ihren Vätern und ihren Müttern keine Geborgenheit und Wärme erlebt hatten.[6] Von Kindheit an waren sie einer Erziehung unterworfen, die eigene Bedürfnisse nach Wärme und Gehaltenwerden negierte.

Interessant ist in diesem Zusammenhang, dass diese Ablehnung und Negation natürlicher Bedürfnisse eines Kleinkindes nicht immer absolut ist. Daher gibt es eine große Anzahl an Menschen in unserer Kultur, die fähig sind, mitzufühlen, deren Verhalten aber in unterschiedlichem Maße bestimmt wird.

So sagt beispielsweise etwa ein Drittel der Teilnehmer am Gehorsam-Experiment von Milgram (1963) nein, wenn sie die Grausamkeiten des Experiments erleben. Zwei Drittel der Probanden, die sich dafür aussprechen, das Experiment fortzusetzen, zeigen jedoch unterschiedliche psychosomatische Reaktionen.

Bedeutung und Interpretation des Gehorsam-Experiments von Milgram (1963)

Milgram erkannte, wie aus seinem Briefwechsel hervorgeht, dass nämlich ungefähr die Hälfte jener zwei Drittel, die sich für die Fortsetzung des Experiment aussprechen, psychosomatisch an Kopfschmerzen, Schlafschwierigkeiten, Körperschmerzen litten, also ihrerseits empathisch auf die Schmerzen, die sie anderen zufügten, reagierten. Mitgefühl existierte also, aber es konnte nicht zugelassen werden, weil es dem Gehorsam in ihnen widersprach.

Dass diese Art von Bewusstseinsveränderung eine Funktion des Grads des frühkindlich erlebten Mitgefühls ist, belegt die Studie von Werner: 10 % einer Bevölkerungsgruppe in Chicago, welche starken seelischen Belastungen ausgesetzt war, aber auch von Geburt an gesicherten Körperkontakt und mitfühlende Begleitung erfahren hatten, entwickelten nie kriminelle Verhaltensweisen und waren trotz eigener Belastungen immer bereit, anderen in Not zu helfen.[7]

Die Forschungen des englischen Psychiaters Henry Dicks mit 1000 deutschen Kriegsgefangenen von 1942 belegen die Verteilung, wie oft Mutter und Kind Körperkontakt hatten, körperliche Zuwendung erlebten und zärtlich berührt wurden. Soldaten, die als Nazis und patriotische Deutsche eingestuft wurden und einen Gesamtanteil von 63 % stellten, hatten eine Kindheit erlebt, in der körperliche Zärtlichkeiten tabuisiert waren. Die restlichen 37 % der Soldaten, die politisch

Anti-Nazis waren, hatte keine solche Tabuisierung von Zärtlichkeiten erlebt.[8] Erich Fromm (1989), Zimbarde (1983) wie auch Milgram (1963) kommen in ihren Studien auf ähnliche Resultate.[9]

Wir leben in einer Kultur, die Leid und Schmerz als Schwäche einstuft, aber Drogen, Alkohol und Sex benötigt, um genau dieses Leid und diesen Schmerz zu verdrängen. Angst und Terror formen das Bewusstsein von ungefähr zwei Dritteln unserer Bevölkerung und werden deswegen von einem Beschwichtigungssystem »unkenntlich gemacht«, das die Quellen der Furcht durch Verleugnung und Verdrängung beseitigt, wie Terrence Des Pres (2008) dies in seinem Bericht über die Nazi-Todeslager beschreibt. Verleugnung und Verdrängung sind die Mechanismen, um Bedrohung überleben zu können. Dadurch wurde es möglich, wie Des Pres festhält, dass Menschen »das Chaos bewohnbar« machten und »Halt und Zuflucht in Mythen und anderen Hilfsmitteln der Verleugnung« fanden.[10]

Wann Menschen Zuflucht in Mythen und anderen Hilfsmittel der Verleugnung suchen.

Die finnische Psychiaterin Pirkko Turpeinen beschreibt in ihrem Buch »Creativity, Youth, and Psychosis«[11] einen Vater, der für sein Neugeborenes körperlich (also taktuell) und seelisch ganz da war, weil die Mutter ihr Studium an der Universität Helsinki beenden wollte. Der Vater sagte später, wie außerordentlich diese Erfahrung für ihn gewesen sei, nicht nur weil sein Kind sich so gut entwickelte, sondern auch weil seine eigene Fähigkeit, emphatisch zu erleben, sich erweiterte und seine Liebesbeziehung zu seiner Frau sich vertiefte. So sehen wir, wie das Taktuelle für ein Kind zu einer sicheren Bindung führte, darüber hinaus aber auch die Beziehungen der Erwachsenen sich erweiterte und vertiefte.

Turpeinen erwähnt auch die Studie des dänischen Kinderpsychiaters Lene Lier, der zeigte, dass die Beziehung von Vätern, die genauso viel Zeit mit ihren Babys verbrachten wie Mütter, ebenso intensiv wurde wie die der Mütter.

BEWUSSTSEIN

Bewusstsein, so Hebb, muss mit der Komplexität der Vereinigung von zentralen und sensorischen Stimulationssequenzen identifiziert werden.[1] Scheerer hat beschrieben, dass wir beim Abstrahieren die unmittelbare Realität einer gegebenen Stimulus-Situation transzendieren und die Objekte nicht ausschließlich als individuelle Dinge, sondern als Repräsentanten einer Kategorie begreifen.[2] Wir sind dazu in der Lage, uns von der direkt gegebenen äußeren oder inneren Erfahrung loszulösen und sie reflektierend zu betrachten, wobei wir von einem Aspekt der Stimulus-Situation zu einem anderen überwechseln. Scheerer verweist damit auf ein entscheidendes Merkmal der Wahrnehmung bzw. des Bewusstseins, das von linkshemisphärischer Aktivität dominiert ist. Wenn diese Loslösung nicht stattfinden kann, weil das Individuum vorwiegend im empathischen Modus der rechten Hemisphäre verwurzelt ist, dann ergibt sich ein anders geartetes Bewusstsein. Der Unterschied wirkt sich auf die jeweilige Wahrnehmung von Bedeutung und da-

Von der Wahrnehmung zum Bewusstsein

mit auf die je eigene Beziehung einer Person zu ihrer sie umgebenden Welt aus.

Das gilt nicht nur für Fälle, in denen kortikale Funktionen mit betroffen sind, wie beispielsweise bei Schlaganfällen[3], sondern auch dann, wenn eine Entwicklung vorwiegend durch einen Sozialisationsprozess geprägt ist, der, anstatt auf individuelle Unterschiede zu achten, diese eher verwischt und vermischt, indem das Denken über Menschen in abstrakten Kategorien eine stärkere Rolle spielt. Eine solche Entwicklung verschiebt dann die Wahrnehmung in Richtung von Kategorien, also weg von individuellen Wesen. Die Arbeit mit afro-amerikanischen Studenten in den USA ist in dieser Hinsicht aufschlussreich. Diese Studenten behalten ihre Wahrnehmungsfähigkeit bezüglich der empathisch erfahrenen Unterschiede zwischen Menschen bei, und sie sehen die anderen nicht als abstrakte Objekte, also auch nicht als Repräsentanten von Kategorien. Daher bestehen sie häufig College-Aufnahmetests nicht, die auf solchen Abstraktionen aufbauen.[4]

Im Hinblick auf die Möglichkeit eines längeren Reifungsprozesses beim Neandertaler und daher einer Entwicklung mit einer stärker gesicherten emotionalen Basis scheint die Hypothese nahezuliegen, dass das Bewusstsein der Neandertaler in ihren empathischen Fähigkeiten verwurzelt war, was zu einer Dominanz der rechten Hemisphäre führte. Das würde dann seinerseits bedeuten, dass sie auf die Belastungen einer sich wandelnden Umwelt anders reagierten als die Cro-Magnon-Menschen. Interessanterweise formuliert Bruce Bower[5] in einem Artikel über das Bewusstsein des Neandertalers, der auf Steven Mithens »The Prehistory of the Mind« basiert, die These, dass Neandertaler einen je anderen Denkmodus gegenüber manipulierbaren Objekten und gegenüber Menschen hatten.[6] Indem er diese Kategorien vermischte, konnte der Homo Sapiens den Mensch als manipulierbares Objekt wahrnehmen. Das spiegelt nicht nur unsere Art wider, abstrakt über Menschen zu denken, sondern führt auch zu dem, was Mithen eindeutig als die Ausbildung rassistischer Haltungen ausmacht. Und es stützt unsere Auffassung, nämlich dass Neandertaler aufgrund der längeren Schwangerschaft eher rechtsdominant waren und daher in ihrer Lebensorganisation eher empathisch als abstrakt vorgingen.

Die Neandertaler hatten eine unterschiedliche Denkhaltung zu Gegenständen und Menschen.

Es gibt keine Hinweise auf gewaltsame Auseinandersetzungen zwischen Cro-Magnon-Menschen und Neandertalern; man kann jedoch erschließen, dass Neandertaler sich in unwirtlichere Gegenden zurückzogen. Normalerweise wird daraus der Schluss gezogen, dass es sich dabei um einen Rückzug oder eine Flucht handelte – die Alternative wäre die Verteidigung der eigenen Position gewesen. Eine solche Interpretation reflektiert allerdings eher unseren spezifischen Denkmodus als das, was tatsächlich passierte. Devore und Konner liefern eine alternative Interpretation. In ihrer Studie der !Kung verweisen sie darauf, dass die Verteidigung von Territorien in einer frei fließenden Population mit einem anderen Bezug zu materiellem Besitz sinnlos ist. Auch viele Tierarten zeigen kein Territorialverhalten[7], was Ardreys Hypothese eines territorialen Imperativs widerlegt[8]. Individuen und Gruppen der !Kung verändern mühelos ihren Wohnsitz. Wenn es also zu Streitigkeiten kommt, stellt es kein Problem dar, getrennte Wege zu gehen, um einen größeren Konflikt zu vermeiden. Devore und Konner halten fest, dass daher »Konfliktlösung durch Teilung … möglicherweise eine Erklärung dafür bietet, wie in einer Gesellschaft ohne übergeordnete soziale Kontrollmechanismen die Ordnung aufrechterhalten werden kann«.[9]

Beim Menschen eröffnet eine Austragungszeit von neun Monaten die Möglichkeit einer Störung der Sicherheit in den ersten drei Monaten der Bindungsperiode. Wie kann der Bindungsprozess die Gefährdung der ersten drei Monate des Kleinkinds kompensieren? Die !Kung bieten – übrigens nicht als einziger Volksstamm – ein Bild von Eltern, die ihren Kindern gegenüber eine Sensibilität entwickeln, welche ihren Bedürfnissen in ungleich höherem Ausmaß entspricht, als es in unserer Zivilisation der Fall ist. T. C. Schneirla betont, die Entwicklung unter diesen sehr viel sichereren

Bedingungen begünstigte die Annäherung an Stimulus-Quellen, nicht den Rückzug von ihnen.[10] Annäherung eröffnet die Möglichkeit, dass Empathieprozesse die Wahrnehmung der Welt organisieren, wohingegen Rückzug zu einer Verengung sozialer Interaktionen führt und damit das Bewusstsein auf die linke Hemisphäre verschiebt.

Wenn dann mit der Zeit solch eine Art des Zurückziehens verstärkt wird durch einen Sozialisationsprozess, der das Lebendigsein eines Kindes mit Leistung, Wettbewerb, Besitz und der Notwendigkeit, Macht auszuüben, gleichsetzt, dann wird dieses Lebendigsein zum Ausdruck eines Kampfes. Leben als Ausdruck von Liebe, von empathischen Wahrnehmungen und Mitgefühl, geht verloren. An seine Stelle tritt eine lauernde Angst vor dem Versagen, von Ohnmacht, da das Streben nach Sicherheit darauf basierte, die Erwartungen der Eltern und anderen Autoritäten zu erfüllen. Und so werden Menschen in unseren Kulturen auf Status und gesellschaftliche Position reduziert. Dies soll dann als Beweis für Fortschritt gelten. So wird die Wahrnehmung unserer tatsächlichen Geschichte und Wirklichkeit unmöglich gemacht, da unser Bewusstsein von der lauernden Hilflosigkeit, die nicht erkannt werden darf, beherrscht wird. Sie darf nicht erkannt werden, weil Hilflosigkeit als Schwäche verpönt ist. Diese Spaltung unseres Bewusstseins wird

Leben als Ausdruck von Liebe, empathischer Wahrnehmung und Mitgefühl geht verloren.

aufrechterhalten im Namen eines Individualismus, der empathisches Erleben negiert. Das Resultat ist ein Verhalten, dass einem Rollenspiel gleicht, indem man sich so gibt, wie die Öffentlichkeit es verlangt. Und das bedeutet, sich die Ideologie der Macht und des Herrschens einzuverleiben, um abstrakte Formeln über Wachstum, Größe und Profit als einzige Realität wahrzunehmen. Die Identifizierung des eigenen Ich mit diesen abstrakten Äußerlichkeiten führt zu einem Verhalten, welches den Besitz von Dingen gleichsetzt mit dem Gefühl, jemand zu sein. Das ist ein imaginäres Sein, das aber als Wirklichkeit gesehen wird. Auf diese Weise nimmt man sich und die Welt halluzinatorisch in Besitz. Weil man aber Macht ausübt, wodurch andere und die Umwelt unterjocht werden, wird das als Realität wahrgenommen. Es ist eine Realität, die in der Geschichte unserer Zivilisationen immer zu den uns zerstörenden gewalttätigen Kriegen geführt hat. Um sich sicher zu fühlen, muss man andere beherrschen, besiegen, manchmal auch töten. Es ist, wie es die Einleitung zum »Folio« der »Neuen Zürcher Zeitung« im November 2013 ausdrückte: »Wir haben keine Wahl: Von Kindsbeinen an müssen wir uns mit anderen messen, ein Leben lang. Talent und Können sind das eine, Siegen das andere«. Die Unwirklichkeit dieses Bewusstseins verdeckt die unterschwellige Hilflosigkeit, welche verneint werden muss, weil die Sie-

Wie die Einverleibung der Ideologie der Macht und des Herrschens erfolgt.

ger-Mentalität auf ein Heldentum besteht, wodurch Verantwortlichkeit und Mitgefühl verloren gehen. Aber dadurch wird Realität zur Unwirklichkeit, die nicht gesehen werden kann, da eine Sicht, die durch Abstraktion eingeengt ist, nie den ganzen Kontext einer Konfiguration erkennen kann.

Es geht deswegen im Grunde um die Verdrängung der empathischen Wahrnehmung durch die Überbewertung des kognitiven und abstrakten Denkens. Dieser Vorgang hat die Diagnose, dass wir in unserer Kultur vom Kognitiven bestimmt sind, fast unmöglich gemacht, da wir Vernunft mit abstrakten Denken verwechseln und deswegen nicht erkennen können, was Jean-Jacques Rousseau jedoch schon im 18. Jahrhundert klar formulierte: «Geist ist eingedrungen in die Natur, wie das Messer dringt in eines Baumes Mark«.[11]

DIE EMOTIONEN DES EMPATHISCHEN

Der chinesische Philosoph Konfuzius (551–479 v. Chr.) hielt »Lernen, ohne zu denken« für nutzlos.[1] Zugleich betonte er die Notwendigkeit der Liebe, wodurch er hervorhob, dass Lernen »ohne großes Herz« von der Menschlichkeit wegführt. Ein »edler Mensch« könne nicht engherzig sein, dadurch erkannte Konfuzius intuitiv die menschliche Empathie, ohne sie schon in passende Begriffe und Bilder fassen zu können. Zugleich vertrat er ein Gesellschaftsideal, das auf die Anwendung von Gesetzen verzichtete, genauso wie Weltfish dieses Ideal in »The Lost Universe« für die amerikanischen Pawnes beschrieb. Dabei verstand er durchaus noch, dass das Empathische notwendig eine Beziehung zur Vernunft eingehen müsse. Es ist wohl mehr, dass heutzutage das Konzept der Vernunft die Verwerfung des Emotionalen, deswegen auch die Ablehnung der Empathie, beinhaltet. Vernunft ohne Empathie entspricht dem ausschließlich abstrakten Denken und trennt uns von der Wahrnehmung der Wirklichkeit.

Konfuzius erkannte intuitiv die empathische Seite des Menschen.

Menzius, auch ein chinesischer Philosoph, der die Lehren von Konfuzius weiterentwickelte, lebte 370–290 v. Chr. Er glaubte noch mehr als dieser an die menschliche Güte und ihren ethischen Kern, genau wie später Rousseau. Er verstand durchaus die einengende Rolle des Profits gegenüber Menschlichkeit und Gerechtigkeit. Im Grunde, wenn er vom Herz als Kern des edlen Menschen sprach, meinte er ja sein Mitgefühl: »Jeder Mensch hat ein Herz, das das Leiden anderer nicht mit ansehen kann.«[2] Dies liefert Einblick in sein tiefes Verständnis über das Mitgefühl und dass es um Mitgefühl für das Leiden anderer geht. Eine sehr frühe Erkenntnis dessen, was in unserem Zeitalter durch die Entdeckung der Spiegelneuronen bestätigt wurde.[3]

»Jeder Mensch hat ein Herz, das das Leiden anderer nicht mit ansehen kann.« (Menzius)

Es ist faszinierend, dass ähnliche Grundsätze Zoroastrianische Glaubensgemeinschaften im heutigen Iran und Afghanistan bewegte.[4] Ein Kernprinzip dieser Gruppen im 6. Jahrhundert v. Chr. war der Glaube, die Welt sei gut. Besitz war eine gemeinsame Sache. Sie betrachteten privaten Besitz als eine Ideologie, die durch die Kälte einer das Leben verneinenden Eifersucht die Harmonie Gottes Kreation zerstörte. Die Sprache ist anders, aber es geht um empathische Wahrnehmungen.

Die Zoroastrier hielten privaten Besitz für Ideologie, die durch Eifersucht das Leben verneint und die Harmonie von Gottes Schöpfung zerstört.

Jesus Christus Lehre war die des Herzens. Er wollte, dass Menschen Verantwortung für sich selber übernehmen. Damit weckte er Hoffnung und stärkte das Bewusstsein für die innere empathische Gefühlswahrnehmung. Dagegen zielten nach seinem Tode die Bekehrungen zum Christentum auf Unterwerfung unter abstrakten moralischen Prinzipien.[5] Das verstärkte die Einstellung und das Verständnis, moralische Prinzipien würden auf abstraktem Denken beruhen. Die Welt der Gefühle wurde als unzuverlässig abgetan. Deswegen Descartes Idee, dass Menschen lernen müssen, ihre Beziehung zu ihrer Kindheit abzulegen und zu vergessen. Aus diesem Grund entwickelten die Wissenschaften ein dissoziierendes Bewusstsein, das nicht nur den Schmerz und das Leid der Kindheit verneinte, sondern auch dem ganzen emotionalen Erleben keinen Raum gab.

Der Königsberger Sprachdenker und Schriftsteller Johann Georg Hamann (1730–1788) war unter anderem ein Lehrer Herders und auch Goethes, der ihn als »hellsten Kopf seiner Zeit« bezeichnete.[6]

Kants Vernunft contra Hamanns Stimme des Herzens

Für ihn war die Stimme des Herzens ausschlaggebend für vernünftige Entscheidungen. Er kritisierte auch Kants radikale Abstraktion in seiner »Metakritik über den Purismus der reinen Vernunft« (1784). Für ihn entsprangen das Sinnliche und das Geistige aus gemeinsamen Wurzeln. Also eine Integration von empathischer und rationaler Wahrnehmung. Er war ein leidenschaftlicher Denker, der vor der Verstandeskälte und der Überhöhung der Vernunft warnte.

Sogar der Cambridge Philosoph Henry Sidgwick (1838–1900) erkannte, dass Logik keine Basis für eine rationale Moralität war. Trotzdem gibt es immer noch Wissenschaftler, wie Peter Singer, die darauf bestehen, dass Moralität nichts mit Empathie zu tun hat.[7] Für ihn basiert Altruismus auf Denken. Und deswegen kommt er auch zu dem logischen Ergebnis, dass manche der Auschwitz-Wärter moralisch agierten, wenn sie diese Arbeit akzeptierten »da sonst noch brutalere Wärter ihren Platz eingenommen hätten«. Hier haben wir die Konsequenzen eines Denkens, dass die Wirklichkeit einer Gefühlswelt, in der das Annehmen solch einer Wärter-Arbeit selber schon Brutalität, Sadismus und Verachtung aufzeigt, verneint. Dadurch wird eine Gefühlswelt ausgeschaltet und eine »Wirklichkeit« geschaffen, die unwirklich ist. Schlimmer noch ist, dass dies ohne Bewusstsein geschieht, da Menschen die reduzierte Wirklichkeit als einzige Realität erleben. Das bedeutet, dass wir einem Wahnsinn ohne Erkenntnis ausgesetzt sind. Die Depersonalisation führt zum Beispiel dazu, dass Menschen in der Hinsicht manipuliert werden, Bedürfnisse zu haben, die den Konsumbedürfnissen einer

Moralität hat nichts mit Empathie zu tun. (Peter Singer)

Industrie entsprechen, nicht aber dem, was diese Menschen wirklich benötigen. Amartya Sen kann deswegen darüber schreiben, dass in unserer Welt Unzufriedenheit mit Annahme, hoffnungslose Rebellion mit Konformität und Leiden mit fröhlichem Aushalten ersetzt wird.

Die gegenwärtige Markt-Ideologie ohne jegliche Empathie ist auf dem Vormarsch.

So kommt eine Welt zustande, in der finanzielle Instrumente und Gesetze eine Markt-Ideologie möglich machen, welche Regierungsentscheidungen und das Schicksal ganzer Bevölkerungen bestimmen. Und hier bleibt kein Raum für Bedürfnisse wie der allgemeinen Wohlfahrt. Das beinhaltet natürlich den empathischen Bereich unserer Welt. In dem Moment, wenn sich eine Wirtschaft auf finanzielle Operationen reduziert, die keine Beziehung zu wirklichen Produktionsvorgängen haben, fängt sie an, sich auf Abstraktionen zu stützen und jeglichen Bezug zur Wirklichkeit zu verlieren. Ich zitiere hier Steve Fraser; was er für Amerika beschreibt, gilt auch weltweit für das Nachlassen des Realitätsbezugs durch die erwähnten, finanziellen Machenschaften:

»In den 1980er Jahren begann der amerikanische Kapitalismus damit, sich selbst zu verzehren, indem er sich von einer Produktionswirtschaft in eine Finanzwirtschaft verwandelte. Einzelne Betriebe und ganze Gesellschaften wurden billig verkauft oder drastisch verklei-

nert, die Einnahmen gingen an Hedgefonds oder private Kapitalfirmen, oder sonst direkt nach Übersee in Regionen mit billiger Arbeit und wenig Regulation. Gewerkschaftlich organisierte Stellen verschwanden, ebenso wie die Gewerkschaften selbst; die Staatseinkünfte stürzten ab, öffentliche Dienstleistungen wurden ausgedünnt, und die Infrastruktur verfiel. Das Niveau des Durchschnittseinkommens, des Wohneigentums, des Gesundheitswesens und der Bildungsleistungen, alles brach zusammen. In nahezu jedem Sektor des Allgemeinwohls sackten die Vereinigten Staaten unter fast jede andere Industrienation ab.«[8]

Fraser fragt sich, wie die Verursacher dieser Katastrophe ungestraft davonkommen konnten, warum es so wenig Widerstand gegen die ökonomische Ungleichheit und die Dominanz von Firmen gibt. Meines Erachtens müssen wir die Antwort darin suchen, dass diese Irrealität ganz allgemein als Realität akzeptiert wird – also auch wieder im Verlust empathischer Beziehungen.

Dieser Wahnsinn kommt zustande, weil der »freie Markt« durch einen tiefen Glauben an Profit gekettet ist. Beide, der »freie Markt« und der Glaube an Profit, sind Abstraktionen, die nicht mit der Wirklichkeit unserer empathischen Wahrnehmungen unserer Gesamtlage im Einklang sind. Sie beruhen auf einer Reduktion der Wahrnehmung, die, wie ich es beschrieben habe, das Wohl der Menschen außer Acht lässt. Diese Reduktion ist eine Funktion der Umschaltung von der rechten zur linken Hirnhemisphäre, welche die Wahrnehmung auf Kategorien reduziert und nicht individuelle Menschen und ihr Sein im Blick behält. Es ist diese Reduktion, die den ganzen Bereich des Leidens und Schmerzens negiert.

SCHMERZ ALS WAHRNEHMUNG DES LEBENDIGEN ORGANISMUS

Das Resultat dieser Negierung ist eine Verstümmelung der Wirklichkeit, die immer mehr einem Wahnsinn gleichkommt, der das Fortbestehen der Menschheit und das Leben selber bedroht. Dieser Wahnsinn ist anders als der sogenannte Wahnsinn des Schizophrenen. Diese sagen NEIN zu der gesellschaftlich angeordneten Spaltung unseres Bewusstseins, weil die erfolgreichen »Realisten« diese Spaltung im Namen des »Größer-und-mächtiger-Werdens« als einzige Normalität erkennen.

Aber diese Realität dreht sich um ein Verneinen der Konsequenzen, die sie mit sich bringt. Und diese Konsequenzen drehen sich um das Leid, dem die Menschheit und alle Lebewesen auf der Erde ausgesetzt werden. Der Klimawandel und all das, was damit einhergeht, wie der Verlust unserer Nahrung, die Verschmutzung unserer Trinkwasserquellen durch das Fracking, die Abholzung des Regenwaldes, alles um des Profits Willen, ohne Rücksicht darauf, was dem Leben angetan wird. Die Ausbeutung der natürlichen

Die Ausbeutung der natürlichen Ressourcen und die ungleiche Verteilung des Reichtums werden zu einem totalen Kollaps der Zivilisation führen.

Ressourcen und die ungleiche Verteilung des Reichtums werden zu einem totalen Kollaps der Zivilisation führen, wie Mathematiker um Safa Motesharrei von der Universität Maryland zeigen.[1] Und das trotz technologischen Fortschritts und grenzenlosen Innovationen.

Dies habe die Autoren Meadows in »Die Grenzen des Wachstums. Bericht des Club of Rome zur Lage der Menschheit« schon 1972 beschrieben.[2] Ökologen warnen schon lange davor, dass die Menschen in der westlichen Welt in einem Jahr etwa 1,5-mal mehr Ressourcen verbrauchen, als die Natur im gleichen Zeitraum regenerieren kann. Aber weder die Eliten noch die meisten Durchschnittsbürger nehmen dies wahr, denn was mit Leid und Schmerz zu tun hat, wird als Miesmacherei abgetan. Die Missachtung der Realität wird dadurch verschleiert, dass man diese Kontroverse für eine Meinungsverschiedenheit und nicht für einen Defekt in unserer Wahrnehmung hält. Indem die Realität verneint wird, bleibt der resultierende Wahnsinn unerkannt.

Dieser Wahnsinn basiert, wie schon betont, auf dem Verneinen von Schmerz und Leid. Dies zeigt sich immer wieder in den Reaktionen von Soldaten, die dazu gebracht werden, zu töten und morden im Namen von moralischen Formeln, die das Töten schönreden, indem sie Töten als gerechtfertigten Fortschritt bezeichnen und behaupten, durch ihre Taten die Demokratie zu verbreiten.

Das unterscheidet sich nicht sehr von dem, was die Nazis und Japaner im Zweiten Weltkrieg unter dem Deckmantel einer Ideologie taten, der die Feinde als minderwertige Menschen einstufte. Der Unterschied jedoch liegt darin, dass viele Menschen in demokratischen Gesellschaften noch Verbindungen zu ihrem Bewusstsein über Schmerz und Leid beihalten. Das Resultat sind die sogenannten posttraumatischen Stressfälle von Veteranen, die ohne bewusste Erkenntnis den Zwiespalt zwischen Töten und seiner Verherrlichung als patriotische Tat nicht integrieren konnten.

Der Psychotherapeut der Amerikanischen Veterans Administration E. Eng entdeckte, dass die Vietnamveteranen nicht mit Schmerz umgehen konnten, weil die Kriegspropaganda, die den Krieg als moralisch richtig hinstellte, ihren Schmerz zuvor verneint hatte.[3] Den Schmerz des Tötens zuzulassen, hätte für diese Soldaten zu einem Loyalitätskonflikt geführt, denn es hätte der politischen und moralischen Rechtfertigung dieses Krieges widersprochen.

Schmerz ist nie abstrakt. Dennoch wird er verneint, obgleich er immer noch vorhanden ist.

Das gilt natürlich für alle derartige Kriege. Deswegen entwickelten so viele Veteranen der afghanischen und irakischen Kriege nach ihrer Heimkehr schreckliche Beziehungsprobleme. Der Film »American Sniper« mit Clint Eastwood handelt von Chris Kyle, einem ame-

Chris Kyle, amerikanischer Scharfschütze im Irak, oder die Unfähigkeit, den Schmerz des Tötens zuzulassen.

rikanischen Scharfschützen im Irak, für den das Töten gerecht war. In seiner Autobiographie, schreibt er: »Jeder, den ich erschoss, war böse. Ich hatte guten Grund für jeden Schuss. Alle verdienten es zu sterben.«[4] Und trotzdem geriet er in eine tiefe Krise, als er nach einigen Jahren zurück nach Hause kam. Als ihn ein Psychiater fragte, ob er je Dinge getan hätte, die er wünschte, nicht getan zu haben, antwortete er: »Nein, so bin ich nicht. Ich mache mir keine Sorgen darüber. Ich bin gewillt meinen Gott zu treffen und Antwort zu geben für jeden Schuss, den ich machte.« Das Streben nach Sicherheit führt zum Verlust des Mitgefühls und damit zum Verlust der Wahrnehmung der eigenen Schmerzes und des Schmerzes anderer Menschen.

Kenneth Clark sprach in seiner Rede anlässlich der Wahl zum Präsident der Amerikanischen Psychologischen Vereinigung 1980, dass das Thema Empathie gänzlich in den Forschungen fehlte. Sogar das Wort selbst fehlte gänzlich in Studien über zwischenmenschliche Beziehungen.

Die linke Hemisphäre und ihre Betonung abstrakter Vorgänge scheint sehr viele Menschen vollständig zu bestimmen. So war auch für Chris Kyle die Abstraktion des Bösen ausschlaggebend für sein Verhalten, sogar als es darum ging, dass er einen kleinen Jungen erschossen hatte. Es ist heute noch bewegend, dass Menschen, deren Leben von Empathie bestimmt war, auch nicht auf Schlachtfeldern von Gettysburg und des Ersten und Zweiten Weltkriegs töteten.

SCHLUSS

Wie verzerrt das Denken unseres Bewusstseins ist, zeigt sich darin, dass wir an dem Punkt angekommen zu sein glauben, an den uns unsere Logik und unsere wissenschaftlichen Leistungen gebracht haben, und glauben, uns deswegen sicher zu fühlen. Aber, »das grundsätzliche Gefühl des Risikos ist die Substanz des Menschseins«, schreibt Ortega y Gasset. Wir haben ein Grundgefühl des Lebens und für das Leben verloren: »Das Leben ist die Antwort des Menschen auf die radikale Unsicherheit, aus welcher es seinem Wesen nach besteht. Daher ist es höchst bedenklich für einen Menschen, wenn ihn ein Übermaß scheinbarer Sicherheit umgibt. Das Bewusstsein des Geborgenseins tötet das Leben.«[1]

»Das grundsätzliche Gefühl des Risikos ist die Substanz des Menschseins.« (Ortega y Gasset)

Unsere Zivilisation besteht aus Glaubens- und Überzeugungssystemen, nur Macht und Besitz gäben Sicherheit und würden deshalb mit Sicherheit gleichgesetzt. Der Erfolg für den einen bedeutet aber immer auch Misserfolg für einen anderen, weshalb ein Albtraum unser Leben brandmarkt: »Um in unserer Kultur erfolgreich zu sein, muss man lernen, von Misserfolg zu träumen.«[2] Das Ergebnis ist die ständige Angst zu versagen, unzulänglich und verletzlich zu sein. Aber dieses Gefühl muss verleugnet werden, um überhaupt Anerkennung zu bekommen. Denn, wenn wir anerkannt sein wollen, müssen wir stark und sicher erscheinen. Und so durchlaufen wir eine Metamorphose, um es mit Kierkegaard[3] zu sagen, und verwandeln uns in Wesen, die völlig im Bann des Bedürfnisses nach Anerkennung stehen.

Die menschliche Evolution lässt sich nicht nur anhand archäologischer Funde verstehen. Wir müssen auch unser Wissen über die lebendigen Interaktionen zwischen Mutter und Kind als entscheidenden Faktor der Evolution berücksichtigen. Die Entstehung des Bindungsverhaltens spielt eine grundlegende Rolle bei der Entwicklung des menschlichen Bewusstseins. Erst wenn wir verstehen, wie wichtig Empathie für unsere Geschichte als Menschen ist, werden wir alles tun, was die Bindung zwischen Mutter und Kind fördert. Bedrohungen der demokratischen Lage lassen sich nur bekämpfen, wenn der Zusammenhange zwischen frühen Bindungserfahrungen und Realitätsverlust erkannt wird.

Nur so wird unsere Gattung überleben können.

Um unsere Vergangenheit zu verstehen, braucht es ein klareres Verständnis für alle Faktoren, die zu unserer Menschwerdung wie auch zu unserer Unmenschlichkeit beigetragen haben oder immer noch beitragen. Alles, was menschliches Mitgefühl und Entgegenkommen fördert, wird nicht nur den Realitätsverlust mindern, sondern auch die Demokratie stärken. Nur so wird unsere Gattung überleben können.

DANKSAGUNG

Die Liebe und Betreuung meiner Frau Simone war mir die allerhöchste Hilfe beim Schreiben dieses Buches. Sie hielt mich immer auf dem geraden Weg und ermöglichte es mir, das auszudrücken, was ich wirklich ausdrücken wollte.

ANMERKUNGEN

Worüber es in diesem Buch geht

1 Zit. nach Diamond (1976), S. 59.

... und warum die Empathie eine so entscheidende Rolle spielt

1 Goren-Inbar et al. (2000), Pennisi (2001), Gibbons (2002a), Balter (2002).
2 Klein & Blake (2002).
3 Bickerton (2002).
4 Gibbons (2001).
5 Bar-Yosef (2001).
6 Kun and Arizona, zitiert nach Gibbons (2001).
7 Diamond (1974).
8 Diamond (1974), S. 126.
9 Renggli (1974).
10 Sampson (1981).
11 Azevedo (2002).
12 Kuhn (1962).
13 Devore & Konner (1974).

Die Rolle des Besitzes

1 Radin (1953).
2 Krutch (1953).

3 Devore & Konner (1974), S. 123.
4 Devore & Konner (1974), S. 122.
5 Gibbons (2002 b).
6 Joseph (1992), van Lancker (1991).
7 van Schaik et al. (2003).
8 Harlow (1962), Harlow & Harlow (1969).

Bindung und Kooperation

1 Bowlby (1969).
2 Hopkins (2008).
3 Crawford (1937), Nissen & Crawford (1936).
4 Marcuse und Fromm (1955).
5 Marx (1951).
6 Portmann (1944), Bostock (1958), Kovàcs (1960), Montagu (1981).
7 Portmann (1944).
8 Montagu (1981).
9 van Lancker (1991), Rafael (1971).
10 Blaffer-Hrdy (2000).
11 Young (1971).
12 Galt (1940).
13 Schneirla (1946).
14 Crawford (1937), Nissen & Crawford (1936).
15 Schneirla (1946).
16 Collias (1944), Maslow (1940).
17 Schneirla (1946).
18 Bühler (1931).

Empathie

1 Clark (1980).
2 Holowka & Petitto (2002), Bekkering (2002),

van Lancker (1991), Shapiro et al. (1997), Wittling (1997), Joseph (1992), Henry (1997).

3 Sampson (1981).

4 MacLean (1967).

5 Bekkering (2002).

6 Ghazanfar & Logothetis (2003), Langforf et al. (2006).

7 Gibbons (2002b).

8 Lipps (1914).

9 Morgan (1974), Margalit (2003).

10 Stuart (2000).

Linke und rechte Gehirnhälfte

1 Gibbons (2002 b).

2 Reeves & Carville (1938); Jaynes (1976), S. 125; Saul & Sperry (1968).

3 Wittelson (1976), Harshman & Remington (1975).

4 Gruen (1962).

5 Gruen (1988).

6 Gilligan (1982).

7 Metropolitan Museum of Art (2003).

8 Baines & Lamberg-Karlovsky (2003).

9 Potts (2003).

10 Siehe auch Gruen (2002, 2003), de la Boétie (1992).

11 de Waal (2000).

12 Solis et al. (2001), BBC (2002).

13 Jaynes (1976).

14 Weltfish (1965).

15 Brückner (1976).

16 Gruen (2002).

Der Neandertaler

1 Ponce de León & Zollikofer (2002).
2 Hayden (1993), Klein (2003), Trinkhaus (1990), Pääabo (2014).
3 Holden (2003).
4 Lorenz (1966).
5 Schneirla (1966).
6 Leacock (1981).

Aggressivität

1 de Waal (2000).
2 Gruen (1987, 1999).
3 Greenacre (1971).
4 Parens (1979, 1989).
5 Gruen (1980).
6 Devore & Konner (1974).
7 de Waal (1998).
8 Ponce de León & Zollikofer (2002), S. 73.

Schwangerschaft und Sicherheit

1 Tompkins & Trinkhaus (1987).
2 Trinkhaus (1984, 1990), Trinkhaus & Tompkins (1990).
3 Diamond (1992).
4 Portmann (1944), Montagu (1981).
5 Kovàcs (1960).
6 Bostock (1958).
7 Montagu (1961).
8 Siehe Nissen et al. (1951), Gruen & Prekop (1986).
9 Siehe Jung über die Pueblo-Indianer.
10 Klein (2003).

11 Balter 2002
12 Bickerton (2002).
13 Henschilwood et al. (2002).
14 Gottlieb (1992).

Empathie, Sicherheit und Gehorsam

1 Gould (1987), Hayes (1990), Wolley (1961).
2 Wolley (1961), S. 311.
3 Milgram (1963, 1974).
4 deMause (1974).
5 James (1905).
6 Bickerton (2002), Gibbons (2001).
7 Welch et al. (2004).
8 Strohm (2003).
9 Jaynes (1976).
10 Lynd (1958).
11 New York Times (1971).
12 Leacock (1981).

Sprache und Identität

1 Hoijer (1954).
2 Holden (2004).
3 Carroll (1956).
4 Holowka & Petito (2002).
5 Lewis et al. (2000).
6 Silk et al. (2003).
7 Welch (2001, 2002, 2004).

Bewusstsein ist mehr als Kognition

1 Arsuaga (2003).
2 Siirala (1964).
3 Weltfish (1965).
4 Harlow & Harlow (1969).
5 Gruen (1974/75).

Stress, Angst, Versorgung und Bewusstsein

1 Berlyne (1966).
2 Welch (2001).
3 Mithen (1999).
4 Kroeber (1962).
5 Schneirla (1959).
6 Kroeber (1962), S. 31–97.
7 Morbus-Bechterew Journal (2012).
8 Weltfish (1965).
9 Ebenda., S. 59.
10 Ebenda, S. 5 f.
11 Leacock (1981).
12 Gruen (2000, 2003).

Schwangerschaft, Sicherheit und die Evolution des Menschen

1 Jaynes (1976).
2 Ebenda, S. 72.
3 Ebenda, S. 75.
4 Ebenda, S. 80.
5 Ebenda.
6 Eisenberger et al. (2003).
7 Panksepp (2003).
8 Weltfish (1965), S. 8.
9 Jung (1963).

10 Ebenda, S. 247.
11 Pennisi (2014).

Die Bedürfnisse des Kindes und das empathische und kognitive Lernen

1 Heller (2014).
2 Heller (2014).
3 Juul und Høeg (2014).
4 NZZ (04.11.2013).
5 Ratuschinskaja (1991).
6 Mantell (1979).
7 Werner (1989).
8 Dicks (1950).
9 Fromm (1989), Zimberde (1983), Milgram (1963).
10 Des Pres (1976; dt. 2008).
11 Turpeinen (2004).

Bewusstsein

1 Hebb (1949).
2 Scheerer (1940).
3 Ullmann et al. (1960).
4 Hacker (1989).
5 Bower (2004).
6 Mithen (1999).
7 Tobach et al. (1968).
8 Ardrey (1966).
9 Devore & Konner (1974).
10 Schneirla (1965).
11 Rousseau (1750).

Die Emotionen des Empathischen

1 Leuprecht (2015).
2 Jäger (2010).
3 Rizzolatti, Giacomo, Sinigaglia, Corrado (2008).
4 Crone (2013).
5 Pagels (1981).
6 Hove (2013).
7 Singer (2014).
8 Fraser (2015).

Schmerz als Wahrnehmung des lebendigen Organismus

1 Läubli (19.03.2014).
2 Meadows und Meadows (1972).
3 Eng (1988).
4 Kyle (2013).

Schluss

1 Ortega y Gasset (1969).
2 Henry (1963).
3 Kierkegaard (1941).

LITERATUR

ARDREY, R. (1966): The Territorial Imperative. New York: Atheneum.

ARSUAGA, J. L. (2003): Auf der Suche nach den Ursprüngen des menschlichen Bewusstseins. Hamburg: Europa Verlag.

AZEVEDO, I. (2002): Being Human. Science 297, 194.

BAINES, J. und LAMBERG-KARLOVSKY, C. (2003): Culture through Objects. In: Potts, T. F. et al. (Hrsg.): Ancient Near Eastern Studies in Honour of P. R. S. Moorey. Oxford: Griffith Institute, 27–75.

BALTER, M. (2002): What Made Humans Modern? Science 295, 1219–1225.

BAR-YOSEF, O. (2001): Science, S. 1726, zitiert nach GIBBONS (2001).

BBC (2002): The Lost Pyramids of Caral. Channel 2, 9 PM, 31. Januar.

BEKKERING, H. (2002): Kinder imitieren mit Köpfchen. Max Planck Forschung 2, 7–8.

BERLYNE, D. E. (1966): Curiosity and Exploration. Science 153.

BICKERTON, D. (2002): A Bare-Bones Account of Human Evolution. American Scientist 90, 466–468.

BLAFFER-HRDY, S. (2000): Mutter Natur: Die weibliche Seite der Evolution, Berlin: Berlin Verlag.

Boétie, E. de la (1992): Von der freiwilligen Knechtschaft. Hamburg: Europäische Verlagsanstalt; in English: Slaves by Choice. Egham: Runnymeade (1988); Originalausgabe: Discours de la servitude volontaire (1562).

Bostock, J. (1958): Exterior Gestation, Primitive Sleep, Enuresis and Athma: Study in Aetiology. Medical Journal of Australia 2, 149–153, 185–188.

Bower, B. (2004): In The Neanderthal Mind. www.sciencenews.org, Sept 18, Bd. 166.

Bowlby, J. (1969): Attachment and Loss, Bd. 1. London: Hogarth.

Brückner, P. (1976): Zur Pathologie des Gehorsams. In: Flitner, A. und Scheuerl, H. (Hrsg.): Einführung in pädagogisches Sehen und Denken. München: Piper.

Bühler, C. (1931): The Social Behavior of Children. In: Murchison, C. (Hrsg.): Handbook of Child Psychology. Worcester: Clark University Press.

Carroll, J. B. (1956): Language, Thought, and Reality: Selected Writings of Benjamin Lee Whorf. New York: Wiley and MIT, 59.

Clark, K. (1980): Empathy, A Neglected Topic in Psychological Research. American Psychol. 35, 187–190.

Collias, N. E. (1944): Aggressive behavior among vertebrate animals. Physiol. Zool. 17, 83–123.

Crawford, M. P. (1937): The cooperative solving of problems by young chimpanzees. Comp. Psychol. Monogr. 14, 1–88.

Crone, Patricia (2012): The Nativist Prophets of Early Islamic Iran: Rural Revolt and Local Zoroastrianism. Cambridge: University Press.

DEMAUSE, L. (1974): The History of Childhood. New York: Psychohistory Press.

DEVORE, I. und KONNER, M. J. (1974): Infancy in Hunter-Gatherer Life: An Ethological Perspective. In: WHITE, M. F. (Hrsg.): Ethology and Psychiatry. Ed. M. F. White Toronto: University of Toronto Press.

DES PRES, T. (1976): The Survivor: An Anatomy of Life in the Death Camps. New York: Oxford University Press; (dt. 2008): Der Überlebende – Anatomie der Todeslager. Suttgart: Klett-Cotta.

DIAMOND, J. (1992): The Third Chimpanzee: The Evolution and Future of the Human Animal. New York: Harper.

DIAMOND, S. (1974): In Search of the Primitive. New Brunswick: Transaction.

DIAMOND, S. (1976): Kritik der Zivilisation. Frankfurt a. M.: Campus.

DUARTE, C. et al. (1999): Proc. Natl. Acad. Sci. USA, 96, 7604.

EISENBERGER, N.; LIEBERMAN, M. und WILLIAMS, K. D. (2003): Does Rejection Hurt? An MRI Study of Social Exclusion. Science 290, 290–292.

ENG, ERLIN (1988): Creative patient/patient therapist. In: R. M. STERN (Hrsg.): Psychotherapy and the creative patient, New York: Haworth.

FRASER, S. (2015): The Age of Acquiescence: The Life and Death of American Resistance to Organized Wealth and Power. Boston: Little, Brown and Company.

GALT, W. (1940): The principle of cooperation in behavior. Quart. Rev. Biol. Physiol. 20, 1–186.

Gstettner, P. (1981): »Die Eroberung des Kindes durch die Wissenschaft: Aus der Geschichte der Disziplinierung«. Reinbek b. Hamburg: Rowohlt.

Ghazanfar, A. A./Logothetis, N. K. (2003): Facial expressions linked to monkey calls. Nature 423.

Gibbons, A. (2001): The Riddle of Coexistence. Science 291, 1725–1729.

Gibbons, A. (2002a): In Search of the First Hominids. Science 295, 1214–1219.

Gibbons, A. (2002b): Humans' Head Start: New Views of Brain Evolution. Science 296, 835–837.

Gilligan, C. (1982): In a Different Voice. Harvard: Harvard University Press.

Goren-Inbar, N., et al. (2000): Pleistocene Milestones on the Out-of-Africa Corridor at Benot Ya'aqov, Israel. Science 289, 944–947.

Gottlieb, G. (1992): Individual Development and Evolution. New York: Oxford University Press.

Gould, E. S. (1987): Am Anfang war die Frau. Berlin: Ullstein.

Greenacre, P. (1971): Considerations regarding parent-infant relationship. In: Emotional Growth. Madison: International Universities Press.

Gruen, A. (1962): Psychologic aging as a pre-existing factor in strokes. Journal of Nervous and Mental Diseases 134, 1098–1116.

Gruen, A. (1974/75): Possibilities for integration or destructiveness. Psychoanalytic Review 61, 557–570.

Gruen, A. (1980): Maternal Aggression and Children's Intensity. Confinia Psychiatrica 23, 223–229.

Gruen, A. (1987): The relation of SID and parental unconscious conflict. Pre-and Perinatal Psychology 2, 1–8.

Gruen, A. (1988): The Betrayal of the Self. New York: Grove.

Gruen, A. (1999): Ein früher Abschied: Objektbeziehungen und psychosomatische Hintergründe beim plötzlichen Kindstod. Göttingen: Vandenhoeck & Ruprecht.

Gruen, A. (2000): Der Fremde in uns. Stuttgart: Klett-Cotta.

Gruen, A. (2002): Der Gehorsam. Ethik und Sozialwissenschaften 13, 441–450.

Gruen, A. (2003): Über den Gehorsam. In: Gruen, A.: Verratene Liebe/Falsche Götter. Stuttgart: Klett-Cotta.

Gruen, A. (2006): »Ich will eine Welt ohne Kriege«. Stuttgart: Klett-Cotta.

Gruen, A. und Prekop, J. (1986): Das Festhalten und die Problematik der Bindung im Autismus. Praxis der Kinderpsychologie und Kinderpsychiatrie 7, 248–253.

Hacker, A. (1989): Affirmative Action: The New Look. New York Review of Books, 12 October 1989.

Harlow, H. F. (1962): Social deprivation in monkeys. Scientific American 207, 136–146.

Harlow, H. F. und Harlow, M. K. (1969): Effects of various mother-infant relationships on rhesus monkey behaviors. In: Foss, B. M. (Hrsg.): Determinants of Infant Behavior, Bd. 4. London: Methuen.

Harshman, R.A. und Remington, R. (1975): Sex, Language and the Brain. Part I, A Review of the Literature on Adult Sex Differences in Lateralization. Zitiert nach Jaynes (1976), S. 343.

Hayden, B. (1993): The cultural capacities of Neanderthals: A review and re-evaluation. Journal of Human Evolution 24, 113–146.

Hayes, W. C. (1990): The scepter of Egypt. (Metropolitan Mu-

seum of Art, New York, published by Abrams; originally published 1953.)
HEBB, D.O. (1949): The Organization of Behavior. New York: Wiley.
HELLER, S.B. (2014): Science 5.12.2014, S. 1196.
HENRY, J. (1963): Culture Against Man. New York: Holt.
HENRY, J.P. (1997): Psychological and physiological responses to stress: The right hemisphere and the hypothalamus-pituitary-adrenal axis: an inquiry into problems of human bonding. Acta Physiol. Scand. (suppl.) 640:10–25.
HENSCHILWOOD, C. (2002): Emergence of modern human behavior: Middle Stone Age engravings from South Africa. Reports, 15. Feb. 2002, S. 1278. Zitiert nach BULLINGTON, J. und STEVEN R. LEIGH in Science 296, 468.
HOIJER, H. (1954): The Sapir-Whorf Hypothesis. In: HOIJER, H. (Hrsg.): Language and Culture. The American Anthropological Assn. 56, 79, 93–95.
HOLDEN, C. (2003): Random Samples. Science 301, 1319.
HOLDEN, C. (2004): Life Without Numbers in the Amazon. Science 305, 1093.
HOLOWKA, S. und PETITTO, L.A. (2002): Left Hemisphere Cerebral Specialization for Babies while Babbling. Science 297, 1515.
HOPKINS, J. (2008): Bindung und das Unbewusste. Ein undogmatischer Blick in die kinderpsycholoanalytische Praxis. Frankfurt a.M.: Brandes & Apsel.
HOVE, O. VOM (2013): Warner vor Verstandeskälte. Wiener Zeitung Extra, 22/23.06.2013, abrufbar unter: http://www.wienerzeitung.at/themen_channel/wz_reflexionen/vermessungen/556271_Warner-vor-Verstandeskaelte.html

Jäger, H. (2010): Menzius. Den Menschen gerecht, Zürich: Ammann Verlag.

James, W. (1905): Principles of Psychology. New York: Dover, first published 1905).

Jaynes, J. (1976): The Origins of Consciousness in the Breakdown of the Bicameral Mind. New York: Houghton.

Joseph, R. (1992): The Right Brain and the Unconscious. New York: Plenum.

Jung, C.G. (1963): Memories, Dreams, Reflections. New York: Pantheon.

Juul, J. und Høeg, P. (2014): Wie Empathie Kinder stark macht. Weinheim: Beltz.

Kierkegaard, S. (1941): Concluding Unscientific Postscript to the Philosophical Fragment. Ed. Walter Lowrie. Princeton: Princeton University Press.

Klein, R. (2003): Whither the Neanderthals. Science 299, 1525–1527.

Klein, R und Blake, E. (2002): The Dawn of Human Culture. New York: Wiley.

Kovàcs, F. (1960): Biological Interpretation of the Nine-Month Duration of Human Pregnancy. Acta Biologica Magyar, Tudom. Akad. 10, 331–336.

Kroeber, T. (1962): Ishi in Two Worlds. Berkeley: University of California Press.

Krutch, J.W. (1953): The Measure of Man. New York: Bobbs Merrill.

Kuhn, T.S. (1962): The Structure of Scientific Revolution. Chicago: University of Chicago Press.

Kyle, C.; DeFelice, J.; McEwen, S. (2013): American Sniper: The Autobiography of the Most Lethal Sniper in US Military History. New York: William Morrow.

Lancker, D. van (1991): Personal Relevance and the Human Right Hemisphere. Brain and Cognition 17, 64–92.

Langford, D. J. et al. (2006): Social Modulation of Pain as Evidence for Empathy in Mice, Science 312, 1967.

Leacock, E. B. (1981): Myths of Male Dominance. New York: Monthly Review.

Lee, R. B. (1972): The !Kung Bushmen of Botswana. In: Bicchieri, M. G. (Hrsg.): Hunters and Gatherers Today. New York: Holt.

Leuprecht, P. (2015): Vernunft, Gerechtigkeit, Würde, Wien: Darav, 17.

Lewis, M. H.; Gluck, J. P.; Petito, J. M.; Hensley, L. L., und Ozer, H. (2000): Early Social Deprivation in Non-Human Primates: Longterm Effects on Survival and Cell-Mediated Immunity. Biological Psychiatry 47, 119–126.

Lipps, T. (1914): Ästhetik. Leipzig: Voss. Zitiert nach MacLean (1967).

Lorenz, K. (1966): On Aggression. New York: Harcourt. (dt. 1963): Das sogenannte Böse. Zur Naturgeschichte der Aggression. Wien: Dr. G. Borotha-Schoeler Verlag.

Läubli, M. (2014): Es geht zu Ende. Tages Anzeiger 19.03.2014.

Lynd, H. (1958): On Shame and the Search for Identity. London: Routledge.

MacLean, P. D. (1967): The Brain in Relation to Empathy and Medical Education. Journal of Nervous and Mental Disease 144, 374–382.

Margalit, A. (2003): After Strange Gods (A discussion of the Mari). New York Review of Books, October 9, 2003.

Marcuse, H. und Fromm, E. (1955): Politics and Psychoanalysis, Dissent Magazine.

Marx, K. (1992) Deutsche Ideologie. In: Marx-Engels-Werke, Bd. 3, Berlin: Dietz.

Marx, K. (1951): Rede auf der Jahresfeier des »People's Paper« am 14.04.1856. Marx-Engels, Ausgewählte Schriften, Band 1, Berlin: Dietz, S. 331ff.

Maslow, A. H. (1940): Dominance-quality and social behavior in infra-human primates. J. Soc. Psychol. 11, 313–324.

Meadows, D. L. und Meadows, D. H. (1972): Die Grenzen des Wachstums. Bericht des Club of Rome zur Lage der Menschheit. Stuttgart: DVA.

Metropolitan Museum of Art (2003): The preserved tablets of the first cities of the third millennium. Exhibit May-August 2003. (Catalog: Yale University Press).

Milgram, S. (1963): Behavioral Study of Obedience. J. Ab. Psychol. 67, 371–378.

Milgram, S. (1974): Obedience to Authority. New York: Harper.

Mithen, S. (1999): The Prehistory of the Mind. The Cognitive Origins of Art and Science. London: Thames & Hudson Ltd.

Montagu, A. (1961): The Origin and Significance of Neonatal and Infant maturity. Journal of Am. Med. Assoc. 178, 156–157.

Montagu, A. (1981): Growing Young. New York: McGraw-Hill.

Morgan, L. H. (1974): Ancient Society and Research in the Lines of Human Progress. Henri Smith, Glauster, originally 1877.

New York State Department of Education Report (1987): Increasing High School Completion Rates.

NISSEN, H.W. und CRAWFORD, M.P. (1936): A preliminary study of food-sharing behavior in young chimpanzees. J. Comp. Psychol. 22, 383–419.

NISSEN, H. et al. (1951): Effects of restricted opportunity for tactual, kinesthetic and manipulative experience on the behavior of a chimpanzee. Am. J. Psychol. 64, 485–507.

NZZ (»Neue Zürcher Zeitung«), Folio, 4. Nov. 2013.

ORTEGA Y GASSET, J. (1969): In Search of Goethe from within: Letters to a German. In: The Dehumanization of Art. New York: Doubleday. (dt. 1957): Um einen Goethe von innen bittend. Stuttgart: DVA.

OSTERHAMMEL, J. (2009): Die Verwandlung der Welt: Eine Globale Geschichte des 19. Jahrhunderts. München: C.H. Beck.

PÄÄBO, S. (2014): Die Neandertaler und wir: meine Suche nach den Urzeit-Genen. Frankfurt a.M.: S. Fischer (Originaltitel (2014): Neanderthal Man: In Search of Lost Genomes. New York: Basic Books)

PAGELS, E. (1981): Versuchung durch Erkenntnis. Die gnostischen Evangelien. Frankfurt a.M.: Insel Verlag.

PANKSEPP, J. (2003): Feeling the Pain of Social Loss. Science 302, 237–239.

PARENS, H. (1979): The Development of Aggression in Early Childhood. New York: Jason Aronson.

PARENS, H. (1989): Zur Epigenese der Aggression in der frühen Kindheit. Analytische Kinder- und Jugendlichenpsychotherapie 27, 17–49.

PENNISI, E. (2001), Tracking the Sexes by their Genes. Science, 1722–1734.

PENNISIS, E. (2014): Science, August 8, vol. 345.

Ponce de León, M.S. und Zollikofer, C.P.E. (2002): Neandertalerkinder: Ein Modell für die evolutionäre Entwicklungsbiologie des Menschen. In: Alt, K.W. und Kemkes-Grottenthaler, A. (Hrsg.): Kinderwelten: Anthropologie – Geschichte – Kulturvergleich. Köln: Böhlau.

Portmann, A. (1944): Biologische Fragmente. Basel: Schwabe.

Potts, T. (2003): Buried between the Rivers. New York Review of Books, Sept. 25.

Price, Michael (2009): The left brain knows what the right hand is doing. American Psychological Association, Monitor Staff Vol. 40, No. 1, 60.

Radin, P. (1953): The World of Primitive Man. New York: Schuman.

Rafael, D. (1971): Effects of supportive behavior on location. Paper presented at the meeting of the American Anthropological Assn., Nov. Zitiert nach Devore & Konner (1974).

Ratuschinskaja, I. (1991): Grau ist die Farbe der Hoffnung. Bericht aus einem Frauenlager. München: Knaus.

Reeves, D.L. und Carville, C.B. (1938): Complete agenesis of corpus callosum: Report of four cases. Bull. of L.A. Neurological Society 3, 169–181. Zit. n. Jaynes (1976).

Rizzolatti, Giacomo, Sinigaglia, Corrado (2008): Empathie und Spiegelneurone. Die biologische Basis des Mitgefühls. Frankfurt a.M.: Suhrkamp.

Rousseau, Jean-Jacques (1755): Über den Ursprung der Ungleichheit unter den Menschen. Hamburg: Felix Meiner (1995).

Sampson, E.E. (1981): Cognitive Psychology and Ideology. American Psychologist 36, 730–743.

Saul, R.E. und Sperry, R.W. (1968): Absence of commissurotomy symptoms with agenesis of the corpus callosum. Neurology 18, 307. Zitiert nach Jaynes (1976).

Schaik, C. P. van et al. (2003): Orongutan Cultures and the Evolution of Material Culture. Science 299, 102–105.

Scheerer, M. (1940): An Experiment in Abstraction. Confinia Neurol. 9, 232–254.

Schneirla, T. C. (1946): Problems in the biopsychology of social organizations. J. Abnorm. Soc. Psychology 41, 385–402.

Schneirla, T. C. (1959): An evolutionary and developmental theory of biphasic processes underlying approach and withdrawal. In: Jones, Marshall R. (Hrsg.), (1959): Nebraska symposium on motivation. Nebraska: University of Nebraska Press, 1–42.

Schneirla, T. C. (1965): Aspects of Stimulation and Organization in Approach-Withdrawal Processes underlying Vertebrate Behavioral Development. In: Aronson, L. R. et al. (Hrsg.): Selected Writings of T. C. Schneirla. San Francisco: Freeman, 344–412.

Schneirla, T. C. (1966): Instinct and Aggression. Natural History 75, 192–198.

Sen, A. (2007): Die Identitätsfalle. Warum es keinen Krieg der Kulturen gibt. München: C. H. Beck.

Sen, A. (2010): Die Idee der Gerechtigkeit. München: C. H. Beck.

Shapiro, D. et al. (1997): Cerebral laterality, repressive coping, autonomic arousal, and human bonding. Acta. Physiol. Scand. 640 (suppl.), 10.

Siirala, A. (1964): Divine Humaneness. Philadelphia: Fortress.

Silk, J. B.; Alberts, J. und Altmann, J. (2003): Social Bonds of Female Baboons Enhance Infant Survival. Science 302.

SINGER, PETER (2014): The Most Good You Can Do. Yale: Yale University Press.

SOLIS, R. S. et al. (2001): Dating Caral, a Preceramic Site in the Supe Valley on the Central Coast of Peru. Science 292.

STROHM, H. (2003): Über den Ursprung der Religion. Paderborn: Wilhelm Fink Verlag.

STUART, D. E. (2000): Anasazi America. University of New Mexico Press.

TOBACH, E. und SCHNEIRLA, T. C. (1968): The biopsychology of social behavior in animals. In: COOKE, R. E. und LEVIN, S. (Hrsg.): Biologic Basis of Pedriatic Practice. New York: McGraw-Hill, 68–82.

TOMPKINS, R. L. und TRINKHAUS, E. (1987): La Ferrassie 6 and the development of Neanderthal Pubic Morphology. Am. J. Phys. Anthropol. 73, 233–239.

TRINKHAUS, E. (1984): Neanderthal pubic morphology and gestation length. Current Anthropology 25, 509–514.

TRINKHAUS, E. (1990): The Emergence of Modern Humans. In: Primate Life History and Evolution. New York: Wiley.

TRINKHAUS, E. und TOMPKINS, R. L. (1990): The Neanderthal Life Cycle: The Possibility, Probability, and Perceptibility of Contrasts with Recent Humans. In: Primate Life History and Evolution. New York: Wiley-Liss.

TURPEINEN, P. (2004): »Creativity, Youth, and Psychosis«. Helsinki: Edita.

ULLMAN, M. et al. (1960): Motivational and Structural Factors in the Denial of Hemiplegia. Archives Neurol. 3, 306–318.

Waal, F. B. M. de (1998): Chimpanzee Politics: Power and Sex among Apes. Baltimore: Johns Hopkins University.

Waal, F. B. M. de (2000): Primates – A Natural Heritage of Conflict Resolution. Science, 586–590.

Webster's Collegiate Dictionary (1942). Springfield: Merriam.

Welch, M. (2001): Epinephrine Dysfunction in PTSD, Mayor Depression, in SIDS, PDD and Neurodegeneration. Columbia University Medical School. Unpublished.

Welch, M. (2002): Secretin Activates Visceral Brain Regions in the Rat Including Areas Abnormal in Autism. Cellular and Molecular Neurobiology 23, 817–837.

Welch, M. (2004): Secretin: Hypothalamic Distribution and Hypothesized Neuroregulatory Role in Autism. Cellular and Molecular Neurobiology 24, 219–241.

Welch, M. G. et al. (2004): Behavioral anatomy of intensive maternalnurturing in childhood disorders. Society for Neuroscience Press Book, 34th Annual Meeting.

Weltfish, G. (1965): The Lost Universe. New York: Basic Books.

Werner, E. E. (1989): »High-risk children in young adulthood: A longitudinal study from birth to 32 years.« In: American Journal of Orthopsychiatry 59.

Wittelson, S. F. (1976): Sex and the Single Hemisphere. Science 193, 425–427.

Wittling, W. (1997): The right hemisphere and the human stress response. Acta. Physio. Scand. 640 (suppl.), 10.

Wolley, L. (1961): Mesopotamien und Vorderasien. Zürich: Schweizer Druck- und Verlagshaus.

Young, J. Z. (1971): An Introduction to the Study of Man. Oxford: Clarendon.

Zollikofer, C. P. E.; Ponce de León, M. S.; Vandermeersch, B. und Lévêque, F. (2002): Evidence for interpersonal violence in the St. Césaire Neanderthal. PNAS 99, 6444–6448.

www.klett-cotta.de

Arno Gruen
Wider den Terrorismus

88 Seiten, Klappenbroschur,
mit einem Kapitel zu den
Anschlägen in Frankreich
ISBN 978-3-608-94900-1
€ 12,– (D) / € 12,40 (A)

Auch als ebook

»Ein wirklich notwendiges Buch, das aufklärt und Lösungen aufzeigt. Unbedingt empfehlenswert.«
Konstantin Wecker

Der Terrorismus wird mehr und mehr zur tödlichen Bedrohung der ganzen Welt. Wie lässt sich die Gewaltspirale, die sich immer schneller dreht und zum Fluch aller Länder geworden ist, unterbrechen?

»Man würde sich wünschen, dass nicht nur Arno Gruen, dieser große alte Mann, noch den Mut hat, diese entscheidenden Zusammenhänge endlich mal offen auszusprechen.« *Konstantin Wecker*

Klett-Cotta

www.klett-cotta.de

Arno Gruen
Wider den Gehorsam

97 Seiten, Klappenbroschur,
ISBN 978-3-608-94891-2
€ 12,- (D)/€ 12,40 (A)

Auch als ebook

Nur wer ungehorsam ist, lebt frei.

Wer den Mut zum Ungehorsam hat, der entzieht sich nicht nur vermeintlichen Autoritäten, sondern nimmt die Menschen lebendig und mitfühlend wahr. Wie sehr die Kultur des Gehorsams entmenschlichen kann und welche Wege aus dem Kreislauf der Unterordnung führen, zeigt Arno Gruen: ein befreiendes Plädoyer für mehr Mitmenschlichkeit.

Klett-Cotta